教育部人文社科规划基金项目(编号17YJAZH028) 资助

国家社科基金一般项目(编号18BJL032) 资助

中国博士后基金面上项目(编号2015M581576) 资助

不 完 全 契 约 视 角 下

农地确权

对兼业农民非农就业的影响机制及经济后果研究

韩家彬／著

中国财经出版传媒集团

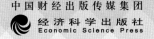

经济科学出版社
Economic Science Press

图书在版编目（CIP）数据

不完全契约视角下农地确权对兼业农民非农就业的影响机制及经济后果研究/韩家彬著. —北京：经济科学出版社，2018.10

ISBN 978 - 7 - 5141 - 9904 - 8

Ⅰ.①不…　Ⅱ.①韩…　Ⅲ.①土地所有权 - 土地制度 - 经济影响 - 研究　Ⅳ.①F301.1

中国版本图书馆 CIP 数据核字（2018）第 248313 号

责任编辑：李　雪
责任校对：杨　海
责任印制：邱　天

不完全契约视角下农地确权对兼业农民非农
就业的影响机制及经济后果研究
韩家彬　著
经济科学出版社出版、发行　新华书店经销
社址：北京市海淀区阜成路甲 28 号　邮编：100142
总编部电话：010 - 88191217　发行部电话：010 - 88191522
网址：www. esp. com. cn
电子邮件：esp@ esp. com. cn
天猫网店：经济科学出版社旗舰店
网址：http：//jjkxcbs. tmall. com
北京季蜂印刷有限公司印装
710×1000　16 开　13.5 印张　200000 字
2019 年 1 月第 1 版　2019 年 1 月第 1 次印刷
ISBN 978 - 7 - 5141 - 9904 - 8　定价：50.00 元
（图书出现印装问题，本社负责调换。电话：010 - 88191510）
（版权所有　侵权必究　打击盗版　举报热线：010 - 88191661
QQ：2242791300　营销中心电话：010 - 88191537
电子邮箱：dbts@ esp. com. cn）

前　言

　　土地确权是 1978 年以来农村土地制度领域最深刻的一次制度变迁。土地制度和户籍制度是农村基本的制度安排，而且土地制度和户籍制度具有耦合关系。土地确权一方面会深刻影响户籍制度的变革，另一方面会影响农户资源（土地资源和劳动力资源）的优化配置。土地确权不仅仅清晰界定了政府、村集体和农户间的土地权利边界，更重要的是在土地所有权、承包经营权分置条件下将土地承包经营权的剩余控制权界定给农户。剩余控制权是一种稀缺资源，农民获得承包土地的剩余控制权必将改变农民的土地资源和劳动力配置方式。

　　2013 年我国出现人口红利转折点，人口红利消失制约了我国经济持续增长（蔡昉，2013）。从农村劳动力结构看，我国务农劳动力比例不仅高于发达国家，还高于部分发展中国家；而且 40 岁以上非农就业劳动力占农村非农就业劳动力的比重明显提高，从 2008 年的 30% 上升到 2014 年的 43.5%，但其通常在退休年龄之前退出非农劳动市场，非农劳动参与率较低（蔡昉，2016）。农村劳动力非农就业不充分和过早退出非农劳动市场不仅造成劳动力资源的极大浪费，还加大了人口红利消失对中国经济下行的压力，严重影响中国经济可持续发展。因此，研究土地确权影响劳动力非农就业机制及经济后果问题就具有重要的现实意义。

　　本书基于不完全契约理论，分析土地确权前后政府、村集体和农户间土地剩余控制权的变化；研究土地剩余控制权影响农村劳动力非农就业的机会成本及劳动力非农就业决策机制，土地剩余控制权影响农户土

地流转投资和土地关系专用性投资的机制；利用中国健康与养老调查
2011～2015 年的数据，建立计量经济模型，经检验验证了土地确权对农
村劳动力非农就业、农户土地规模经营和农民收入的影响。根据研究结
论提出有针对性的对策建议。

本书的主要结论是：

第一，定义了有限的剩余控制权利和无限的剩余控制权权利。哈特
有成本的合同理论认为，合同权利分为：特定权利和剩余权利，并将所
有权定义为，所购买的这些所有剩余权利，把所有权定义为实施控制的
权利，不区分所有权和控制权。在我国经济发展实践中，我国国有和集
体所有制企业，所有权归国家，但这些企业的最高管理者拥有控制权，
并在一定时期内获得剩余控制权，在一定时期拥有实际所有权。据此，
我们可以把国有或集体企业经营权分为无限控制的权利（所有权）和有
限控制的权利。在我国国有制或集体所有制的管理实践中，管理层或资
产使用者、占用者作为国企或集体企业的代理人实际拥有有限的控制
权利。

第二，将不完全契约理论应用于中国农村土地制度研究，从土地剩
余控制权的新视角重新阐述了土地制度变迁的原因。科斯产权理论认为
只要产权界定清楚，交易双方自愿交易，其结果就是有效率的。但哈特
认为合同中清晰界定的权利并不重要，合同中没有解释清楚的剩余权利
是一种稀缺资源。基于科斯理论的分析，基本上是从村集体、农民单方
面分析土地制度变迁对经济主体行为的影响，而基于不完全契约理论的
分析是将政府、村集体和农民综合考虑分析，因为土地剩余控制权要么
被政府或村集体控制，要么被农民控制，土地确权前后稀缺的土地剩余
控制权的配置会在政府、村集体和农民之间发生变化。

运用不完全契约理论，我们对农业生产剩余的分配、土地调整、土
地流程、土地确权等问题做出新的解释。从不完全契约角度研究发现，
承包制不完全契约特性与村集体剩余控制权存在内在联系，农民负担过
重问题是由于村集体凭借土地所有权而掌握了土地生产剩余控制权导致

的。从不完全契约角度能更好地揭示农村土地频繁调整问题，并能涵盖社会保障说和干部寻租说。不完全契约理论的研究土地流转的逻辑是，承包制的不完全契约特性造成农地产权模糊，农民缺乏对承包地的剩余控制权，土地流转市场的主要参与者（土地流出者和流入者）缺乏对土地最终的剩余控制权和剩余索取权，土地流出者和流入者在土地流转过程中都承担着风险，从而限制了土地流转速度和流转规模。这比土地产权模糊的解释更加深入和完整。农村土地确权制度改革在很大程度上解决了承包制的不完全契约特性，使得农地制度由不完全契约向完备契约迈进了一大步，为解决"三农"问题创造了良好的制度环境。基于科斯理论研究确权问题，不能为土地确权完善提出更好对策，而从不完全契约视角研究土地确权原因，可以为完善土地确权提出更好的改革措施。

第三，土地确权降低了劳动力非农就业的机会成本。农村劳动力在流入地的非农就业收入和成本不变的情况下，农村土地制度变迁将极大影响劳动力非农就业动态决策。土地确权后，非农就业劳动力土地流转投资范围扩大，土地流转投资收益增加，部分地区农户流转投资收益等于自己务农的纯收入，这势必降低劳动力非农就业机会成本，提高农村劳动力非农就业的净收益，推动农村劳动力尤其是兼业农户向非农行业转移就业。土地确权后产权相对清晰解决了农村劳动力从农村迁移到城市的后顾之忧，有利于其在城市长期稳定的就业并最终在城镇安家落户。产权清晰还有利于非农就业劳动力进行长期职业选择，保障其工资收入稳定增长。因此，土地产权清晰对于非农就业劳动力产生了机会成本效应、非农就业稳定性效应和收入效应。

第四，揭示了土地剩余控制权变化与农户土地关系专用性投资的关系。土地确权后，将土地生产投资的剩余控制权界定给土地关系专用性投资决策相对重要一方（即土地转入、转出方），是一种有效率的资源配置方式。农村土地确权限制了政府和村集体凭借土地所有权而享有的农地剩余控制权，保障了土地转出、转入农户、种植大户对土地剩余的控制权，保障了土地流转市场主体的自由选择权和自由签约权，稳定了土地转出、土地转入户、种植大户的土地投资预期，增加了转入户、种植大户土地关系专用性投资，势必推动土地投资和土地规模经营。回归分析结果发现，确权推动了农户土地转出，确权使农户土地转出面积平均提高了2%；农户土地转让价格平均提高了28.3%；农户转让土地的意愿提高了9.3%。土地确权使转入户发生分化，原有的种植大户大幅度扩大土地经营面积，导致中等规模农户的转入减少。土地确权，稳定了转出户和转入户的投资预期，全样本进行回归结果显示确权显著使农户土地经营规模提高，尤其对种植大户的影响力更强。确权通过增加转入户土地关系专用性投资，进而影响了土地规模经营的机制。确权对东部平原地区农户土地规模经营的影响显著。

第五，土地确权将农地的剩余控制权配置给投资决策相对主要的一方（农户）。剩余控制权重新配置后，土地关系专用性投资收益的风险降低，稳定了其土地关系专用性投资预期，使农户进行土地关系专用性投资的可能性和投资量显著提高，进而增加了经营性收入。农地确权将农地的剩余控制权配置给农户后，降低了土地流转的制度性风险，促进了农地流转市场的发展，农地供给方通过增加出租耕地面积提高租金收入，农地需求方通过扩大耕地面积，实现了经营收入的增长。农地确权将农户的剩余控制权配置给农户，保障了农地的社会保障功能，有利于农户将更多的劳动时间合理分配在非农就业或农业打工上，进行人力资本投资，进而增加农户的工资性收入。

第六，土地确权后剩余控制权的重新配置保障了农民土地权益。土地是农民赖以生存的最基本资源，农民生产、生活和社会保障都依赖于土地。处理好农民和土地的关系是解决我国"三农"问题，成功实施乡村振兴战略的关键。本书从不完全契约视角研究了我国土地制度变迁与农民土地权益的关系。土地承包制具有不完全契约特征，村集体作为土地所有者的代理人，凭借所有权获得了土地制度变迁的剩余控制权，而农民没有农地的剩余控制权。土地剩余控制权的错配不仅侵害了农民的土地权益，还抑制了土地投资，制约农业可持续发展。在家庭联产承包责任制下，村集体作为农村土地所有权的代理人，控制着农业生产剩余，造成农村"乱集资、乱摊派"等加重农民负担的问题。村集体控制农村土地调整的剩余，造成农民承包土地被频繁调整，侵害农民承包土地的经营权益，导致土地可持续开发利用的投资不足，降低了土地这种资源的价值。承包制的不完全契约特性，限制了作为土地生产投资决策的主要一方（农民）的投资决策，造成农业生产投资不足，侵害了农民土地流转投资权益和土地功能转变的增值收益权。农地确权和"三权分置"改革使得农民拥有了农地剩余控制权，确保了农民的土地权益，但会抑制村集体的土地投资积极性。

第一章

绪　　论

一、研究背景

自 1978 年土地承包制改革以来，土地确权是农地制度领域最大、最深刻的一次制度变革。2013 年 1 月 31 日下发的中央一号文件提出，全面开展农村土地确权登记颁证工作。每宗地的土地权属要经过土地登记申请、地籍调查、核属审核、登记注册、颁发土地证书等土地登记程序，才能得到最后的确认和确定。农村土地确权（简称确权），清晰界定了政府、村集体和农民的土地权利边界，保障了土地转出、转入方的权益。2016 年 10 月，中共中央办公厅、国务院办公厅印发了《关于完善农村土地所有权承包权经营权分置办法的意见》，将土地承包经营权分为承包权和经营权，实行所有权、承包权、经营权（以下简称"三权分置"）并行，保障了土地转入方的权益。土地经营权流转后，为了加强对土地承包权的保护，2017 年 10 月，全国人大常委会会议审议了《农村土地承包法修正案（草案）》，草案规定，承包土地的经营权流转后，承包方与发包方的承包关系不变，承包方的土地承包权不变，以法律的形式界定承包地权利。"三权分置"和承包法修正案是农地确权的延续和完善。土地确权作为外生的制度变迁必然对农村经济、农业发展和农民农业生产、非农就业产生重大影响。

近年来，我国人口结构发生较大变化。根据联合国数据，中国 25～44 岁人口的规模在 2013 年左右已经见顶，占全国人口比重 33% 左右，未来预计持续向下。出生率的下移和人均寿命的增加，带来老龄人口的攀升，人口抚养比步入上升通道，2015 年 15～64 岁人口占比为 72%，较 2011 年峰值已经下降 2.5 个百分点。人口红利在中国三十多年发展中做出极大贡献，但是当前中国进入老龄化社会，人口红利已经耗尽，根据人口学家预测 2013 年是人口红利消失的转折点（蔡昉，2013）。从劳动供给来看，我国人口出生率下降，进入劳动年龄人口减少阶段。人口增长率从 1990 年的 14.4% 下降为 2010 年的 4.8%。"十五"期间，劳动人口平均 2 394.8 万人，"十一五"前四年，劳动人口数年均为 2 073 万人，平均每年减少 321.8 万人（陈佳贵，2013）。人口总量供给的大幅度下降导致未来劳动力市场中劳动力供给严重不足。

在中国人口红利消失的同时，大量劳动年龄阶段的农民工返乡，退出非农劳动力市场。最新统计数据显示，受内外经济危机影响，在 1.3 亿的中国农民工中，有 2 000 万人因金融危机失业返乡①。农民工返乡是多种因素共同作用的结果，第一，经济危机造成城市提供的就业机会减少，工资下降，农民工外出就业的收入预期差距降低，导致农民工返乡；第二，在农民工城市就业预期收入不变的前提下，农民工在城市居住成本、子女受教育和医疗成本不断上升，造成农民工定居城市的意愿下降；第三，农民工城市就业预期收入不变的前提下，随着农村生产和生活条件改善，农民工探亲和照顾家庭需求上升，导致农民工返乡。农民工返乡分为两类，第一类是由于经济危机等原因造成的暂时性回流，第二类是由于农民工在城市收入预期下降而彻底离开城市返乡就业。樊纲等（2014）把这种农民工因城市不能为他们提供社会保障与社会福利

---

① 百度百科．农民工返乡潮．http://baike.baidu.com/.

而难以在城市定居进而过早地退出城市劳动力供给、退回农村的现象，称为"农民工早退"。农村劳动力提前退出非农劳动市场加剧了人口红利消失的速度。本书研究农村劳动力非农就业属于第二种情况。

按照官方统计，中国还有超过50%的劳动力是乡村劳动力。即使按照更严格的方法，把人在农村但已经不以农业生产为主要收入来源的劳动者从农民的范畴中减去，中国目前也还有30%～35%的劳动力是农民①。中国农村劳动力过剩的情况还远远没有消除。此外，农民工不能在城市定居，相当多的一部分人工作到40岁左右就回到原籍，这意味着每一个农民工一生的劳动年龄时间比在城市的就业人口少了接近20年，造成大量劳动力资源浪费②。农村劳动力提前退出非农劳动力市场将会造成劳动力资源的极大浪费，加大人口红利消失对中国经济下行的压力，严重影响中国经济可持续发展。但是通过制度改革加快农村剩余劳动力的有效转移，用实际劳动人口来估算第二次人口红利还会再来并将持续到2030年（小川直宏，2012）③。户籍制度和土地制度是影响我国农村劳动力就业选择的基本经济制度，目前蔡昉等大部分学者关注户籍制度与农村劳动力非农就业的关系，而很少有学者研究土地制度变化对我国农村劳动力非农就业的影响。因此，研究农村土地确权与我国农村劳动力转移就业的关系，揭示土地制度变迁影响农村劳动力非农就业的机制，这对于提高劳动年龄人口的利用效率，降低人口红利消失对中国经济下行的压力，保持中国经济平稳健康增长具有重要意义。

二、对应的科学问题

科斯的产权理论认为只要产权界定清楚，交易就是有效率的。不完

---

① 作者根据《中国统计年鉴2012》计算得出。
② 中国新闻网.中财办：约2.5亿人居住城镇未享受相应市民权利，2015年11月9日.
③ 人民网.2013年中国人口红利或将消失：第二次人口红利可能再来，2012年8月24日.

全契约理论是对科斯交易成本理论的重大发展，首先，哈特（Hart，1995）定义了不完全契约；其次，哈特和格罗斯曼（Hart and Grossman，1986）不区分企业的所有权和控制权，将所有权定义为实施控制的权利，企业契约关系存在的关键在于缔约方谁拥有剩余控制权，取代了科斯（Coase，1960）产权理论中的剩余索取权；再次，由于信息不对称和事前交易谈判无效，剩余控制权决定缔约方关系专用性投资的事前、事后收益（Hart，1990）；最后，剩余控制权是一种稀缺资源，一方购入剩余权利的同时，另一方就丧失了这种权利，剩余控制权的不合理配置导致投资扭曲，解释了纵向一体化的成本和收益来源（Hart，1986）；土地承包制具有所有权、控制权分置的特征，这与哈特不区分所有权和控制权的思想是一致的，确权后我国农村土地制度仍具有不完全契约的特征。因此，用不完全契约理论能较好地解释土地确权对农村劳动力非农就业的影响。

在我国绝大部分农村，土地和劳动力是农民获得收入的两大基本要素和资本，基于土地的家庭经营性收入和非农就业收入就构成农户收入的主要来源，经营土地和非农就业是农户劳动力配置的主要渠道，大部分农户的劳动力要么从事农业经营，要么从事非农就业或兼业。随着城乡收入差距扩大和农村劳动力非农就业政策的实施，非农就业劳动力占农村劳动力的比重逐年提高，农村劳动力非农就业收入逐渐成为大部分农户收入的主要来源。但是，非农就业农民将土地长期抛荒或流转，这些农户可能面临失地或调地风险，增加了劳动力非农就业的成本，影响非农就业劳动力在城市长期稳定就业，部分农村劳动力甚至返乡；另一方面，土地流转的不稳定性也制约家庭农场的发展，影响非农就业劳动力就地转移就业。完善土地承包制度，降低因失地或调地产生的农村劳动力非农就业的成本，是推动农村劳动力非农就业的关键。依据劳动力流动理论，农村劳动力在非农劳动力市场就业的预期收入和成本是影响其流动的重要因素。在非农就业收入不变的情况下，非农就业成本的变化就成为影响农村劳动力非农就业决策的重要影响因素。

土地承包制是农村基本的经济制度，但土地承包合同属于不完全契约，本质上农民仍然没有农地的剩余控制权，兼业农民面临着失地或调地风险（罗必良等，2015），其非农就业的机会成本较大。农地确权不仅仅明晰了政府、村集体和农民的权利边界，更重要的是将土地承包经营权的剩余控制权配置给农民，解决了农户流转土地的风险，维护了农民系于农地的财产性收入和社会保障福利，降低了兼业农民非农就业的机会成本，有利于其非农就业。因此，从不完全契约视角研究农地确权对兼业农民非农就业的影响机制，揭示兼业农民非农劳动供给下降的原因，对于提高兼业农民非农劳动参与率，加快人口城镇化进程，放慢我国人口红利消失速度，缓解我国经济下行压力具有重要理论价值和现实意义。

三、理论和实际应用价值

（一）理论价值

第一，从不完全契约视角研究农村土地制度变迁，开辟了研究土地制度变迁的新视角。

科斯产权理论认为，只有产权界定清楚，交易就是有效率的。目前学者主要运用科斯产权理论研究土地确权的经济后果。哈特的不完全契约理论是对科斯理论的重大发展，哈特认为合同中的特定权利并不重要，合同没界定清楚的剩余权利是一种稀缺资源。本书基于诺奖得主哈特的不完全契约理论，利用不完全契约—剩余控制权的分析框架，分析家庭联产承包责任制、土地流转和土地确权等制度变迁的原因，研究农地确权前后，政府、村集体和农户对农地权利边界的变化，研究农地契约变化对农户拥有的农地剩余控制权的影响。从不完全契约视角揭示农村土地确权制度变迁的原因。

第二，将土地制度因素引入人力资本模型，丰富和发展了该模型。文献使用人力资本模型研究劳动力转移时没有考虑土地制度，但我国土地制度深刻影响农村劳动力非农就业。土地制度调整是影响农村劳动力流动的重要因素，土地承包制度变革释放了农村剩余劳动力，推动 2 亿多农民到非农部门就业；土地制度的进一步变革将有可能推动农民举家迁移，彻底释放农村剩余劳动力。德拉（Maëlys Dela Ruuelle，2008）和伊莱斯等（John Giles et al.，2012）等学者从土地产权的安全性角度分析了土地制度与农村劳动力流动决策的关系。课题将土地制度变量引入传统人力资本模型，丰富了人力资本模型的相关研究。

第三，揭示了土地确权影响土地规模经营的机制。哈特认为合同中的特定权利并不重要，合同没界定清楚的剩余权利是一种稀缺资源，在合同中控制剩余权利的一方将有积极性进行投资。土地确权后村集体和农户之间剩余控制权的重新配置，农户获得土地流转投资和关系专用性投资的剩余控制权。本书分析剩余控制权与农户土地流转投资、土地关系专用性投资的关系，研究土地所有权、承包经营权分置情况下，农户土地关系专用性投资的成本和收益，丰富了哈特的合并成本—收益模型，揭示确权影响农户土地规模经营的机制。

第四，揭示了土地确权影响农民收入的机制。土地确权是在农村土地集体所有基础上实行所有权、承包权和经营权分置并行，因此，确权后我国农村土地制度仍具有不完全契约特征。根据哈特的不完全契约理论，确权清晰界定的特定权利并不重要，确权后的剩余权利是一种稀缺资源，农户承包经营土地的剩余权利包括土地流转期限、土地流转形式、土地流转收益分配方式、土地经营方式、土地经营收益分配等，这些剩余权利完全界定给土地投资决策相对重要的一方（农户），以推动其进行土地投资。土地资源是不可移动的，土地流转交易实质是土地经营权的交易，也是农民凭借其土地承包权而进行的土地经营权投资。既然农民获得了承包土地的剩余控制权，农民在土地流转期限、土地流转形式、土地流转合同等方面就具有充分的自由选择权，这必然激励农户在更大范围内、更长期限开展土地流转投资，而不仅仅是短时性和暂时性向邻居或亲戚流转土地，农户土地流转投资功能完善，有助于提高土地转出户的流转投资收益；另一方面，土地确权后土地转入户或农场获得承包和流转土地完整的经营权，并确保了土地转入户或农场进行土地关系专用性投资剩余的控制权，解决了其进行土地关系专用性投资的后顾之忧，能推动其开展土地关系专用性投资，实施土地专业化经营和规模经营，降低交易成本和提高劳动生产率。譬如，将先进的农业技术和优良品种引入农业生产，或投入资金购置先进的机械设备以提高土地生产率，最终有利于提高其农业经营性收入。同时，土地经营规模超过一定阈值的农业经营主体，将能够以其流转获得的土地使用产权作为抵押进行融资，缓解其抵押约束或信贷约束，进一步激励其增加投资以实现收益最大化的投资水平。对于部分兼业农户，由于确权使其获得土地关系专用性投资的剩余收益，部分兼业农户可能会增加对土地的投资水平，从而获得更高的经营效率和产出水平。最后，土地确权还降低了兼业农户或纯非农就业农户非农就业的机会成本，有助于其长期稳定地从事非农就业，有利于其工资性收入稳定增长。综上，土地确权通过影响农户土地流转投资收益、家庭经营性收益和非农就业工资性收入，促进农民收入增长。

（二）应用价值

第一，推动农村剩余劳动力有效转移，有利于加快我国城镇化进程。发达国家城镇化率已达到80%，而我国户籍城镇化率仅为41.2%（2016）。针对我国务农劳动力比重过高和兼业农民在退休年龄之前退出非农劳动市场的问题，课题从土地确权制度改革的角度提出了增加兼业农民非农劳动供给的对策，这对于放慢我国人口红利消失速度、推进人口城镇化战略，缓解我国经济下行压力具有重要的现实意义。

第二，推动农村剩余劳动力有效转移，有利于充分释放人口红利和推动经济持续发展。中国劳动力人口（20～64岁）从2015年开始负增长，同时农民工大量返乡创业或务农，提前退出非农劳动力市场，造成"民工荒"和企业用工成本大幅上升，导致我国低成本的比较优势迅速退去；另一方面，虽然我国有2.6亿农民工在城镇就业，但其并没有真正融入城市，无法获得城市公共福利，人口聚集红利并没有完全发挥出来。因此，通过土地制度改革，加快农民工市民化进程，有利于增加劳动力供给，进一步释放人口红利，推动中国经济持续发展。

第三，加大政府土地关系专用性投资，有助于加快推进农村土地适度规模经营。2017 年国务院政府工作报告提出"发展多种形式适度规模经营，是中国特色农业现代化的必由之路"。土地适度规模经营是在土地面积能保证最佳经济效益要求的经营，其核心是土地面积的规模经营。土地适度规模经营所要求的土地面积并非是固定的，它因各地区情况、农业技术水平的发展阶段而变化。华南农业大学土地适度规模经营的课题组研究认为：农业生产具有明显的规模经济和规模不经济的特征；农地的适度规模经营和农地经营规模的扩大已成为不可避免的趋势，农地的适度规模经营应是以家庭经营为主导的适度规模经营。课题组经过最低标准的测算发现：在平原类型的地区，基于农户种植业利润最大化目标，东北三省农户户均适度经营规模的最低标准为 30 亩左右，中部地区为 23 亩左右，西部地区为 11 亩左右。在丘陵地区，中部地区测算出农户户均最优耕地经营规模为 24 亩左右，在山地类型的地区，中部地区测算的农户户均最优耕地规模略小一些，为 10～21 亩左右。要在土地规模化种植中盈利，三个方面条件必不可少。第一，提高机械化程度，剔除最不可控、最不稳定的人力劳动；第二，种植作物单一化，进一步提高生产效率、降低生产成本；第三，打造品牌，创建渠道，并保证销售渠道畅通、价格平稳。土地确权降低了非农就业劳动力的机会成本，有助于推动劳动力长期稳定的在外就业，满足了土地规模化经营中盈利的第一个条件。因此，土地确权解决了农村土地适度规模经营过程中所必需的关键条件，必然会推动农村土地适度规模经营。

第四，土地确权优化配置农民土地、劳动力资源，有助于拓宽农民增收渠道和稳定增加农民收入。2016 年国务院办公厅印发了《关于完善支持政策促进农民增收的若干意见》强调，到 2020 年，农民收入增长支持政策体系进一步完善，农业支持保护制度更加健全，农民就业创业政策更加完善，农村资源资产要素活力充分激发，农村保障政策有力有效，农民收入持续较快增长、城乡居民收入差距进一步缩小，确保实现农民人均收入比 2010 年翻一番的目标。从农民收入构成看，相对于城镇居民农民收入结构单一，务农为主的农民以家庭经营收入为主，纯非农就业农民以工资收入为主，而且农民工资收入和家庭经营收入受到市场、自然风险的影响，收入增长缺乏稳定性。同时城乡收入差距较大，城乡收入比为 2.72。土地确权使土地流转的交易双方有了较为完整的自由选择权和自由签约权，扩大了土地流转交易的时空范围，能较大幅度提升农民土地流转收入，从而增加农民土地财产性收入，同时土地流转加快为土地适度规模经营创造了条件，也能稳定增加农业经营性收入。更重要的是，土地确权解决了非农就业劳动力的后顾之忧，降低非农就业成本，有助于其长期稳定地从事非农就业，从而促进农民收入稳定增长。

第五，土地确权，优化土地和劳动力资源的配置，有助于推进乡村振兴战略。"乡村振兴战略"是党的十九大作出的重大决策部署，是新时代做好"三农"工作的总抓手，是决胜全面建成小康社会、全面建设社会主义现代化国家的重大历史任务。成功实施乡村振兴战略，必须深刻认识到农业强不强、农村美不美、农民富不富，决定着全面建成小康社会的成色和社会主义现代化的质量。全面建成小康社会，最繁重最艰巨的任务在农村，最大的潜力和后劲也在农村。乡村振兴战略的核心任务包括以下几方面：其一，农业综合生产能力逐步提升，农业绿色供给体系质量明显提高，农村各行业融合发展水平进一步提升；其二，农民稳定增收渠道进一步拓宽，城乡居民生活水平差距明显缩小；其三，农村基础设施建设日益完善，农村生态环境明显好转，农业生态服务能力进一步提高；人居环境明显改善，美丽宜居乡村建设稳步推进；其四，农村对各类人才吸引力逐步增强；农村基层组织建设进一步加强，乡村治理体系进一步完善。概括来说，盘活农村的人、财和物是振兴农村的抓手，农村土地确权推动了农村剩余劳动力转移就业，加快了农村土地流转，奠定了农村土地适度规模经营的基础，能够在最大程度上优化配置农村土地、劳动力资源，必然从制度层面推动乡村振兴战略的顺利实施。

四、研究思路

2012 年之后，我国人口结构发生重大变化，人口红利逐渐消失，劳动力占比下降，同时农村非农就业劳动力在退休年龄之前返回农村加剧了劳动力短缺的问题，制约了我国经济持续健康发展。本书归纳分析我国农村劳动力变动特征，借鉴 2016 年诺贝尔奖得主哈特的不完全契约理论，从不完全契约视角分析我国家庭联产承包责任制，研究土地集体所有权、承包经营权分置情况下土地剩余在政府、村集体和农民之间的配置关系。提出土地确权之前政府、村集体控制了农村土地剩余的假说；土地确权之后农民在一定程度上获得了土地剩余控制权，继而提出假说，土地确权使得农民获得承包土地的剩余控制权，降低了其土地流转风险，将促进农村劳动力非农就业；土地确权在一定程度上打破了土地流转的时空限制，稳定了土地转入户的生产预期，有助于其增加土地关系专用性投资，推动土地适度规模经营发展。基于不完全契约理论、人力资本理论和成本—收益分析方法，建立农村劳动力非农就业投资模型。利用中国健康与养老调查数据库的数据，量化土地确权、土地流转、土地规模经营、劳动力非农就业等指标，分别建立计量经济模型，验证土地确权对农村劳动力非农就业的影响；验证土地确权对土地转入户土地规模经营的影响；验证土地确权对农户收入的影响。根据土地确权影响农村劳动力非农就业、农民土地规模经营和农民收入的研究结论，借鉴国内外理论研究和实践的相关经验，从完善土地确权制度、加大政府土地关系专用性投资、加大非农就业劳动力专业培训和社会保障等方面设计对策（见图 1 - 1）。

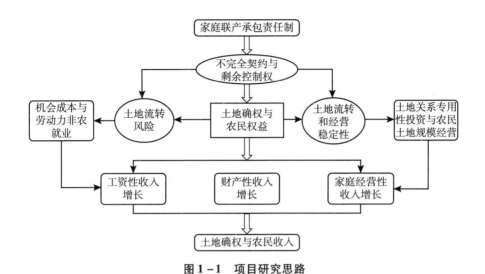

图 1-1 项目研究思路

五、研究结论和创新点

第一，定义了有限的剩余控制权利和无限的剩余控制权权利。哈特有成本的合同理论认为，合同权利分为：特定权利和剩余权利，并将所有权定义为，所购买的这些所有剩余权利，把所有权定义为实施控制的权利，不区分所有权和控制权。在我国经济发展实践中，我国国有和集体所有制企业，所有权归国家，但这些企业的最高管理者拥有控制权，并在一定时期内获得剩余控制权，在一定时期拥有实际所有权。据此，我们可以把国有或集体企业经营权分为，无限控制的权利（所有权）和有限控制的权利。在我国国有制或集体所有制的管理实践中，管理层或资产使用者、占用者作为国企或集体企业的代理人实际拥有有限的控制权利。

第二，将不完全契约理论应用于中国农村土地制度研究，从土地剩余控制权的新视角重新阐述了土地制度变迁的原因。科斯产权理论认为只要产权界定清楚，交易双方自愿交易，其结果就是有效率的。但哈特认为合同中清晰界定的权利并不重要，合同中没有解释清楚的剩余权利是一种稀缺资源。基于科斯理论的分析，基本上是从村集体、农民单方面分析土地制度变迁对经济主体行为的影响，而基于不完全契约理论的分析是将政府、村集体和农民综合考虑分析，因为土地剩余控制权要么被政府或村集体控制，要么被农民控制，土地确权前后稀缺的土地剩余控制权的配置会在政府、村集体和农民之间发生变化。

从不完全契约角度研究发现，承包制不完全契约特性与村集体剩余控制权存在内在联系，农民负担过重问题是由于村集体凭借土地所有权而掌握了土地生产剩余控制权导致的。从不完全契约角度能更好地揭示农村土地频繁调整问题，并能涵盖社会保障说和干部寻租说。不完全契约理论的研究土地流转的逻辑是，承包制的不完全契约特性造成农地产权模糊，农民缺乏对承包地的剩余控制权，土地流转市场的主要参与者（土地流出者和流入者）缺乏对土地最终的剩余控制权和剩余索取权，土地流出者和流入者在土地流转过程中都承担着风险，从而限制了土地流转速度和流转规模。这比土地产权模糊的解释更加深入和完整。农村土地确权制度改革在很大程度上解决了承包制的不完全契约特性，使得农地制度由不完全契约向完备契约迈进了一大步，为解决"三农"问题创造了良好的制度环境。基于科斯理论研究确权问题的，不能为土地确权完善提出更好对策，而从不完全契约视角研究土地确权原因，可以为完善土地确权提出更好的改革措施。

第三，土地确权影响劳动力非农就业的机会成本。农村劳动力在流入地的非农就业收入和成本不变的情况下，农村土地制度变迁将极大影响劳动力非农就业动态决策。土地确权后，非农就业劳动力土地流转投资范围扩大，土地流转投资收益增加，部分地区农户流转投资收益等于自己务农的纯收入，这势必降低劳动力非农就业机会成本，提高农村劳动力非农就业的净收益，推动农村劳动力尤其是兼业农户向非农行业转移就业。土地确权后产权相对清晰解决了农村劳动力从农村迁移到城市的后顾之忧，有利于其在城市长期稳定的就业并最终在城镇安家落户。产权清晰还有利于非农就业劳动力进行长期职业选择，保障其工资收入稳定增长。因此，土地产权清晰对于非农就业劳动力产生机会成本效应、非农就业稳定性效应和收入效应。

第四，土地确权后，将土地生产投资的剩余控制权界定给土地关系专用性投资决策相对重要一方（即土地转入、转出方），是一种有效率的资源配置方式。农村土地确权限制了政府和村集体凭借土地所有权而享有的农地剩余控制权，保障了土地转出、转入农户、种植大户对土地剩余的控制权，保障了土地流转市场主体的自由选择权和自由签约权，稳定了土地转出户、土地转入户、种植大户的土地投资预期，增加了转入户、种植大户土地关系专用性投资，势必推动土地投资和土地规模经营。回归分析结果发现，确权推动了农户土地转出，确权使农户土地转出面积平均提高了2%；农户土地转让价格平均提高了28.3%；农户转让土地的意愿提高了9.3%。土地确权使转入户发生分化，原有的种植大户大幅度扩大土地经营面积，导致中等规模农户的转入下降。确权推动了农户土地规模经营，并对种植大户的影响更为显著。全样本进行回归结果显示确权显著使农户土地经营规模提高。土地确权，稳定了转出户和转入户的投资预期，扩大了农户土地经营规模，尤其对种植大户的影响力更强。确权通过增加转入户土地关系专用性投资，进而影响土地规模经营的机制。确权稳定了转出、转入户土地流转的投资预期，推动转入户扩大土地规模经营。确权对东部平原地区农户土地规模经营的影响显著。

第五，土地确权将农地的剩余控制权配置给投资决策相对主要的一方（农户）。剩余控制权重新配置后，土地关系专用性投资收益的风险降低，稳定了其土地关系专用性投资预期，使农户进行土地关系专用性投资的可能性和投资量显著提高，进而增加了经营性收入。农地确权将农地的剩余控制权配置给农户后，降低了土地流转的制度性风险，促进了农地流转市场的发展，农地供给方通过增加出租耕地面积提高租金收入，农地需求方通过扩大耕地面积，实现了经营收入的增长。农地确权将农户的剩余控制权配置给农户，保障了农地的社会保障功能，有利于农户将更多的劳动时间配置在非农就业或农业打工,进行人力资本投资,进而增加农户的工资性收入。

第六,不完全契约理论为研究土地确权对农民利益影响,提供了一个新视角。土地是农民赖以生存的最基本资源,农民生产、生活和社会保障都依赖于土地。处理好农民和土地的关系是解决我国三农问题,成功实施乡村振兴战略的关键。从不完全契约视角研究了我国土地制度变迁与农民土地权益的关系。土地承包制具有不完全契约特征,村集体作为土地所有者的代理人,凭借所有权获得了土地制度变迁的剩余控制权,而农民没有农地的剩余控制权。土地剩余控制权的错配不仅侵害了农民的土地权益,还抑制了土地投资,制约农业可持续发展。在家庭联产承包责任制下,村集体作为农村土地所有权的代理人,控制着农业生产剩余,造成农村"乱集资、乱摊派"等加重农民负担的问题。村集体控制农村土地调整的剩余,造成农民承包土地被频繁调整,侵害农民承包土地的经营权益,导致土地可持续开发利用的投资不足,降低了土地这种资源的价值。承包制的不完全契约特性,限制了作为土地生产投资决策的主要一方(农民)的投资决策,造成农业生产投资不足,侵害了农民土地流转投资权益和土地功能转变的增值收益权。农地确权和"三权分置"改革使得农民拥有了农地剩余控制权,确保了农民的土地权益,但会抑制村集体的土地投资积极性。

第二章

相关理论和文献梳理

本章梳理总结影响农村劳动力非农就业的相关理论，找出不完全契约理论与土地制度确权的内在理论关系。总结传统的劳动力流动理论、人力资本理论和土地制度理论，比较分析不完全契约理论解释农户配置劳动力和土地资源的优势。

一、哈特的不完全契约理论

本部分梳理企业定义、不完全契约定义，总结了一体化与剩余控制权的关系，剩余控制权与关系专用性投资的关系，以及剩余控制权与投资激励的关系；合同关系与交易的参考点确定。结合我国经济发展实践，从剩余控制权的角度进行解释。

（一）哈特不完全契约理论的基本概念

1. 企业

哈特从合同的角度对企业进行定义，他认为企业由其所拥有的资产组成，在难以写明或实施完全合同的情况下"控制权"所带来的收益（Alchian，1978；Willianmson，1979）。

2. 不完全契约

哈特的不完全契约理论认为，由于人们的有限理性、信息的不完全性及交易事项的不确定性，使得明晰所有的特殊权力的成本过高，拟定完全契约是不可能的，不完全契约是必然和经常存在的。哈特认为契约不完全性主要有三个原因：第一，在一个复杂而不可预测的世界中，人们几乎不可能对未来可能发生的所有情况或事件做出预测；第二，即使人们能够对未来做出提前预测，缔约各方也很难将这些情况或事件写进契约中，因为很难找到一种令缔约各方都满意的共同语言去描述；第三，即使缔约各方可以将对未来情况或事件的预测写进契约中，当出现契约纠纷时，诸如法院之类的外部权威机构也很难对缔约各方约定的条款加以证实（Hart. & Moore，1990）。

3. 剩余权利

哈特对合同中的权利进行了界定，哈特有成本的合同理论认为，合同权利分为：特定权利和剩余权利，并将所有权定义为，所购买的这些所有剩余权利，把所有权定义为实施控制的权利，不区分所有权和控制权。例如，我国国有和集体所有制企业，所有权归国家，但这些企业的最高管理者拥有控制权，并在一定时期内获得剩余控制权，在一定时期拥有实际所有权。据此，我们可以把经营权可以分为，无限控制的权利（所有权）和有限控制的权利。在我国国有制或集体所有制的实践中，管理层或资产使用者、占用者实际拥有有限的控制权利。

哈特认为剩余权利是一种稀缺资源，剩余权利等价于所有权，剩余权利错误配置导致不利经济影响的后果。尤其是当一个企业购入它的供应商时，他就剥夺了该供应商管理者的剩余控制权利，从而扭曲了管理者激励，该扭曲甚至足以使得共同所有权利变得有害。

哈特定义的剩余控制权是，当双方当事人建立某种关系，并且在这种关系中资产将被用来创造收入时，原则上，合同当事人可以通过合同明确规定当在未来某种特定情况发生时，由哪一方当事人对每一项资产的每一个方面具有控制权。

哈特认为，通常有比配置所有的特定控制权的合同成本更低的替代方式。尤其是当一方面当事人详细界定他希望的对另一方面当事人资产的特定权利的成本过高时，那么对前者来说，购入除了在合同中具体涉及的权利之外的所有权利可能是最佳的选择。

以农地为例，家庭联产承包责任制下，政府、村集体和农户都是当事人，农地就是当事人在承包关系中的用于创造收入的资产，最初地方政府和村集体控制土地的处置权、剩余分配权，随着城乡经济格局的变化，地方政府和村集体对农地的控制权逐渐弱化，农地确权从法律的角度强化了农户对农地的剩余控制权。

改革开放以来中国农地制度改革属于渐进式的制度变迁，也是制度变迁成本最低的一种方式。家庭联产承包责任制之前，农地集体所有，农民集体化生产，农业剩余仍然是支持城市工业发展的主要资金来源，在这种情况下，如果赋予农民过多的土地权利，一方面不利于农业剩余向工业的转移，不利于工业剩余的积累；另一方面，农民长期从事集体生产，习惯于"一大二公"的生产、生活方式，产生制度惯性，如果实行土地私有，有可能产生剧烈的社会冲突，制度变革的成本极高。因此，家庭联产承包责任制在当时的历史环境下是制度变迁成本最低的方式。

哈特认为，当在合同中列明对资产的所有特定权利有高昂成本时，让一方购入所有剩余权利就是最优的。中国家庭联产承包责任制实践充分证明了该理论。1978年家庭联产承包责任制改革，当时困难重重，不仅面临巨大的政治风险，还面临经济风险，如果采用私有制界定清晰的所有产权，在当时必然要面临高昂成本，所以政府控制剩余权利在当时就是最优的选择，也是交易费用最低的制度变迁。

（二）一体化与剩余控制权

哈特批判性发展了科斯和威廉姆森的一体化理论。科斯（Coase，1937）认为，交易之所以在组织内部进行，是因为这样做的成本低于市场交易成本。与企业员工签订劳动合同相比，与外部企业或管理者经常性重新修订合同的成本可能更高。克莱因（Klein，1978）和威廉姆森（Williamson，1979）认为，如果买卖双方分别属于不同的所有者，机会主义和无效率行为会损害双方的合同关系。原因在于大量剩余需要在事后分配，由于事前或事后信息不对称，不可能缔结一种完全的相机抉择的合同，导致事前合同不能明确分配这种剩余。由于事前或事后信息不对称，双方进行投资时，该项投资在二者保持交易关系时的价值高于他们脱离交易关系时的价值。

哈特从交易成本角度解释一体化的缺陷。科斯等人的上述理论说明了企业间订立合同的成本可能很高，但没说清楚"企业内部交易"的收益是什么。具体讲，第一，买卖双方难以订立一个完全合同，从而给机会主义行为留有余地；第二，从交易成本解释一体化的观点，不能很好解释当追求自身利益的所有者成为另一所有者的雇员，其行为会发生很大变化；第三，纵向一体化不总能降低交易成本。

哈特从资产所有权角度定义一体化。纵向一体化是企业购入某一供给者的资产，其目的在于获得剩余控制权。如果一方获得了控制权，那就使得另一方丧失控制权。控制权能带来收益，那么从原来管理者手中剥夺控制权就必定是有成本的。哈特研究了资产所有权与雇员/外部承包人的关系。外部承包人所使用的所有设备和其他资产都是由企业提供的。例如，在保险零售业务中，雇员和独立代理人，二者的根本区别在于雇员不拥有客户名册，而独立代理人拥有，前者一体化程度要高。哈特研究了一体化与合同剩余控制权的关系。他认为要在合同中清楚地列出在各种可能的情况下支付的报酬和所有当事人应采取的行动，成本很高。一体化本身并不能改变订立某项合同条款的成本，所改变的是，谁对未曾写入合同的条款有控制权。

哈特关于纵向一体化的研究结论：当双方当事人建立某种关系，而在这种关系中资产将被用来创造收入时，原则上，合同当事人可以通过合同明确规定当在未来某种特定情况发生时，由哪一方当事人对每一项资产的每一个方面具有控制权。哈特指出，通常有比配置所有的特定控制权的合同成本更低的替代方式。尤其是当一方当事人详细界定他希望的对另一方当事人资产的特定权利的成本过高时，那么对前者来说，购入除了在合同中具体涉及的权利之外的所有权利可能是最佳的选择。所有权就是所购入的这些剩余权利。纵向一体化是购入的某一供给者的资产，其目的在于获得剩余控制权。哈特从剩余控制权的角度解释了企业间为什么要进行纵向一体化。

（三）剩余控制权、关系专用性投资与一体化

企业间进行纵向一体化的目的是获得合并后的剩余控制权，但并不是剩余控制权配置给哪家企业都是有效率的，哈特研究认为应该将剩余控制权配置给投资决策相对重要一方，以调动其投资积极性。

1. 剩余控制权与关系专用性投资

交易应何时在企业内部进行，何时通过市场进行，哈特的研究为此问题提供了一个理论框架。哈特认为，拥有一个企业，与拥有该企业的乙方签约以获取某种服务之间的关键区别在于：一体化时，甲方可以解雇企业工人；而非一体化状态下，甲方只能解雇整个企业。利用此思路，研究所有权的变化如何影响雇员以及所有者——经理的激励。

哈特从激励理论的视角界定什么是企业，企业内部交易与企业间交易的区别是什么？他提供了一个分析框架，即一体化与合同的区别。在一体化场合下，甲方不满意企业的工人，可以选择解雇方式；在合同关系中，甲方只能解雇整个企业，即中止甲乙业务往来。用此思路研究所有权变化对非资产所有者及所有者——经理的激励影响。

当合同双方必须进行专用性投资时，因为不可能写出详细的长期合同，而这些投资的准租金在事先又无法被恰当地划分，企业的作用就体现出来格罗斯曼和哈特（Grossman and Hart）。林毅夫认为当时政府选择军事工业优先发展战略，导致我国重工业要优先发展，发展重工业与当时我国农业国的资源禀赋相矛盾，农业剩余不足以支持重工业的快速发展。为了将农业剩余向重工业转移，国家在农村流通领域实施统购统销制度、生产领域实施人民公社制度，社会领域实施户籍制度。从不完全契约理论看，人民公社实施之前，土地私有，农民拥有土地剩余控制权，政府无法将过多的农民剩余转向城市，为了支持城市重工业发展，

加速农村剩余向城市转移。政府将农村土地由私有转变为集体所有，从根本上剥夺了农民的农业剩余控制权，以满足国家发展重工业的需要。

一体化被认为是减少在这种情况下（关系专用性投资）常有的机会主义行为和套牢等问题的一种方法。所有权的变化既有成本也有收益，资产所有权从乙方转到甲方，增加了甲方以其认为合适的方式，使用资产的行动自由，从而增加了甲方在事后利润分配中的份额，也增加了他针对相互关系所进行的投资；同时乙方在事后利润中的份额及投资激励都减少了（Grossman and Hart）。人民公社时期，政府获得农村土地的所有权，增加了政府以其认为合适方式使用土地资产的行动自由，增加了政府对农村的投资，比如人民公社时期政府加大对农村基础设施投资，包括土地平整、红旗渠等一系列大型农田水利设施建设。但是不可忽视的是，作为乙方的农民投资激励减少，农民对土地的投资主要是劳动和技能投资，当时普遍存在农民怠工问题。

从不完全契约理论分析的基本结论如下：当甲方的投资决策相对于乙方重要时，将所有权集中于甲方手中是好的；相反情况下，是坏的。一体化的成本和收益可以看作是硬币的正反两方面。土地确权后，对于农业用地，农业企业或种植大户的土地生产投资相对重要，因此，将土地投资决策交给农业企业或种植大户将是有效率的选择。但是以上分析也有一定局限性，只是从一体化对最高管理层激励的影响的角度考察成本与收益。

哈特分析这种情况，一项资产由数人共同使用，其中一部分人（雇主）有所有权，另一部分人（雇员）没有，考察一体化发生时，即资产所有权变得集中或分散时，雇员的激励如何变化？现实中的案例是我国南车合并北车。这不仅仅影响北车管理层的工作积极性和投资积极性，还会对北车资产相关的员工有较大影响，但北车员工仍有工作积极性，为什么呢？因为对一项物质资产的控制可以间接导致对人力资产的控制。土地承包制之后，为什么农民会按照土地所有者村集体的利益行事呢？这样做以后，农民在将来与决定他们是否可以使用该资产的人（甲方）进行谈判时会处于更有利的地位。在工厂中，工人更倾向于为别人的利益行事（老板），因为这个人就是他们将来与之谈判的老板。从物资资产组合的观点，可以得到的结论：如果某人直接雇佣工人，和他与这些工人的另一个雇主签订一个保持距离型的合同相比，他会对资产的雇员有更多的控制权。也就是说，控制所有权，不仅仅影响到原来管理层的激励问题，还拥有对附着在资产上劳动力的更多控制权。所购买的剩余权利不仅仅是管理层的激励和对被合并企业相关的剩余控制，还包括与资产相关员工行为等其他的控制。

2. 剩余控制权影响关系专用性投资的理论模型

考虑这种情况，行为人今天采取投资行为，这种投资将影响他在明天的生产力或价值。例如，人力资本投资，农民的土地投资，行为的投资，比如表明忠诚等。在此背景下提出基本假设，假设1：签订一份详细的长期合同，成本高昂，并且所签订的合同是不完全的，需要以后重新谈判。假设2：一些技能/生产力的获得，投资是资产专用的，也可以是个人专用的。对假设的解释，第一，合同的不完全性意味着一个人当前行动的未来收益，取决于他明天的谈判地位，而后者（谈判地位）是无法通过最初合同加以控制的；第二，资产专用性的存在，意味着个人的销售能力或谈判地位，取决于他所接近的资产，因而将对资产所有权配置非常敏感。行为人的行动（投资）不仅取决于他是否拥有某项资产，而且取决于他不拥有资产时，谁拥有它。

农业土地关系专用性投资的案例。案例基本假设，第一，在土地关系专用性投资博弈过程中存在三个主体：市民作为农产品的消费者；在所有权、承包经营权分置情况下，土地确权后农户作为土地承包者拥有土地实际控制权；种植大户拥有专用于土地生产的农机设备。第二，假定农户和种植大户，在和某专用性资产结合的情况下可以在时期1向消费者（市民）提供一种产品。第三，为了有效提供产品，种植大户在时期0采取一次资产专用的行动，成本为100元，该投资具有专用性。第三，产品的价值为240元，并且该产品只供应市民，没有其他人消费该商品。第四，在时期1，农户有很多替代品。第五，交易成本阻碍在时期0制定任何长期合同，且贴现率为零。

案例1种植大户进行技能投资是有效率的，因为土地承包者没有谈判力；案例2前提，土地承包者占有土地的结果，种植大户不会进行人力资本投资，投资收益$1/3 \times 240 = 80$（元），低于100元投资成本；案例3市民占有土地的结果，种植大户将进行人力资本投资，收益$1/2 \times 240$；案例4种植大户占有土地的结果，种植大户也会进行人力资本投资，将土地承包者排除在谈判之外，收益为120元。结论，无论是种植大户，还是市民占有土地所有权，都导致一个有效率的结果；案例5土地承包者也进行人力资本投资。当土地承包者、市民占有所有权时，土地承包者会进行人力资本投资。如果种植大户拥有所有权时，土地承包者不会进行投资。结论是，将资产交给不可或缺的行为人（消费者或专用资产投资者）是有效率的，即使他们不一定进行重要的投资决策；案例6假设种植大户和土地承包者的行动不在专用市民（也服务其他消费者），市民也做出消费计划。每个人投资收益240元，成本为c_i。土地与农机设备互补是高度互补的资产，这种情况下种植大户拥有农机设备，土地承包者占有土地是否是最优的？二者分开持有的收益为$1/2 \times 240$元大于案例1；$1/2 \times 240$元大于案例2；$1/3 \times 240$元大于案例3；因为种植大户和土地承包者知道，各自都必须与对方达成协议以使用整块土地，以得到各自240元的收益，市民也知道，他必须与其他二者达成协议以得到其240元的收益。因此，将土地或者给予种植大户或者给予土地承包者是最优的资产安排。假设种植大户占有土地，种植大户行动条件是240元大于案例1，土地承包者的激励没有变化，市民的激励发生变化，$1/2 \times 240$元大于案例3，在此情况下将有产品提供。

土地关系专用性投资案例的研究结论是，将资产的两部分都交给一个行为人将导致较少的套牢和获得更高效率。因此，将土地产权配置给承包者和经营者，是最优的资产安排。

（四）剩余控制权与投资激励

1. 所有权与剩余控制权的关系

既然合同不可能对每一种可能情况下资产使用的所有方面都做出规定，那么谁有权力决定合同中未提及的用法呢？按照产权（Coase）的观点，资产的所有者有这些权利，即一项资产的所有者拥有对资产的剩余控制权。哈特认为，事实上，拥有剩余控制权实际已经被作为所有权的定义（拥有剩余控制权等价于拥有所有权）。以农村土地为例，我国农村土地实施所有权与承包经营权分置的制度安排，农村土地确权之前村集体凭借土地所有者代理人身份，控制农村土地剩余；土地确权后，限制了村集体的农村土地权利，尤其是土地剩余权利，政府有意识将土地剩余权利配置给农户一方。

哈特对所有权和剩余控制权的定义，与标准的所有权定义不一致，标准定义认为，所有者拥有资产的剩余收入（Marx and Coase 等），而不是该资产的剩余控制权。哈特认为从剩余控制权来理解所有权，与常识非常相符。

企业合并过程中为什么实物资产重要呢？合同不完全时，所有权是权力的来源。不完全合同总有漏洞，遗漏的条款或模棱两可之处，所以一定会出现未对非人力资产（劳动力）使用的某些方面做出规定的情形。在通用与费舍公司合并中，通用汽车与费舍公司的一体化合同中，可能没规定机器维护政策的某些方面，也可能没规定生产线的速度，每天换班的次数等。在人民公社时期，政府收回农民土地，但没有就农民的劳动时间，劳动强度，劳动技巧等做出具体规定。所有权是权力的来源，政府控制农民的土地，作为土地附属劳动力的农民，不得不在冬季农闲时大兴水利基础设施建设，土地平整，梯田建设等。

2. 理论应用

通用与费舍公司合并案例①分析的结论是：合并的收益是，收购企

---

① 哈特. 不完全合同、产权和企业理论［M］. 费方诚，蒋城，译. 上海：格致出版社，2017.

业进行关系专用性投资激励增加，它获得更多的剩余控制权，能得到这种投资所创造的事后剩余的更大部分。合并成本是，被收购企业进行关系专用性投资的激励减少，它只拥有较少的剩余控制权，所以它只能得到由它自己投资所创造的事后盈余增量的较小部分。

理论应用之一：现实生活中，通常人们认为，拥有自己所居住的房屋或自己所驾驶的汽车是有效率的。倒推原因应该是，对房屋或汽车价值最优影响的人是使用者；将资产的所有权或控制权给予其他任何人都会降低使用者激励；因为其他人对资产价值没有任何影响，所以也就没有补偿的利得。

理论应用之二：组织中的低层雇员通常在组织中不拥有所有权或控制权，其原因是，低层雇员所做的只是日常工作，因此，给予这类雇员所有权激励，在提高生产率方面不会有多大作用。更有意义的是，把稀缺的所有权配置给更重要的高层人物以激励他们，因为他们的行为对公司价值更有影响，或者其人力资本是非常重要的。

理论应用之三：高度互补的资产，应该被置于共同所有权之下。与互补资产应该一起拥有的观点相联系的，是递增的规模报酬，会促使大型企业形成。但是，独立资产应该被单独所有。

（五）合同关系与交易参考点理论

1. 哈特对科斯合同理论的修正

传统的合同理论认为，合同为交易双方提供了一系列权利和义务。哈特对合同理论作出发展，认为合同为交易关系提供了参考点，更确切地讲，为交易方认为各自应得的权利提供了参考点。交易方的事后绩效，依赖于其是否得到相对于合同所允许的权利。在合同关系之下过程中，如果有一方感觉自己的利益没有得到应用和保护，或者感觉在合同关系中受到欺骗，被欺骗一方会折减其绩效。与刚性合同不同，合同关系如果能随环境的变化不断进行调整，则这个合同就具有弹性合同的特征，对于一份弹性的合同，虽然使各方能够根据不确定性调整他们的结果，但是也会造成无效率地折减。

合同给缔约方提供了一系列的权利和义务，而且这些权利和义务在激励长期投资方面是有用的。哈特对合同理论的拓展，他认为一份合同仅仅为交易关系提供一个参考点，更准确地说，为双方认定的权利提供了参考点。在哈特的合同模型中，一方的事后绩效依赖于他是否获得合同所能给予的权利。未获得期望结果的一方，将折减（shade）其绩效，而这将带来一个净损失（deadweight loss）。双方减少这种净损失的一种方法是，他们签订一份能够准确规定未来结果的事前合同，从而给未来的分歧和侵害留有空间。这类合同的缺陷在于，它没有允许双方根据自然状态调整结果。哈特的理论旨在研究这种刚性与弹性之间的权衡。对于这种不存在不可缔约的关系专用性投资的长期合同，他的分析提供了一个理论基础，并且解释了为什么简单的雇佣合同是最优的。

在哈特之前已有学者研究不完全合同理论。由于未来情况难以预料，他们签订了一份不完全合同，随着时间推移和不确定性消除，双方可以对合同进行科斯式再谈判，并产生一个事后有效率的结果。然而作为这种再谈判的结果，每一方都与另一方分享先前的关系专用性投资的收益。意识到这一点，每一方的事前投资都不足。不完全合同的文献研究了如何通过分配资产所有权和正式控制来减少这种投资不足。上述研究优点，为企业边界问题提供了视角，已有研究成果也存在缺陷：第一，过多地强调了不可缔约的事前投资，尽管这类投资的确很重要，但是很难让人相信它是组织形式的唯一驱动力。第二，这类方法不适合研究企业的内部组织，因为科斯再谈判观点意味着，利益相关方事后将坐在一起谈判并通过转移支付实现一个有效率的结果，这样权威、科层、授权、甚至除了资产所有权以外的任何要素都不重要。第三，存在一些基础性缺陷。

哈特对科斯的理论进行了修正：第一，离开科斯认为再谈判总是导致事后有效率结果的世界；第二，放弃了事后交易总是可完美缔约的假定，哈特假设交易总是可部分缔约的；第三，引入重要行为因素，假设如果一方认为他获得了他应得的结果，那么他将提供实质绩效，反之将提供部分实质绩效——即折减；第四，缔约方所认定的权利取决于已经签署的初始合同，即合同为参考点；第五，缔约方在相对竞争的条件下谈判他们的合同；第六，没有理由认为，双方所认定的权利是一致的，当合同所允许的结果不止一个时，每一方所认定有权获得的结果可能是不同的。

哈特主要从弹性与刚性合同的角度进行研究。他认为弹性合同的好处在于双方可以根据发生的自然状态调整结果，而它的缺点在于被选择的任何结果将导致至少一方感觉他的利益被对方侵占和未获得他应得的那个结果，这导致了"折减"带来的剩余损失。一份最优合同将权衡这两种效应，哈特的这套理论不仅解释了为什么缔约双方将签订存在一定刚性的合同，而且解释了刚性的本质。

2. 合同作为参考的模型

哈特建立一个关于合同与组织形式问题的易处理的模型，这个模型是事后无效率的，而且能够解释现实中所能观察到的，诸如雇佣合同的简单合同存在的理由。从这个角度看，哈特所关注的弹性成本（折减）可以看作其他类型的交易成本，例如寻租成本、影响成本、讨价还价成本等。

假设有买主 B 和卖者 S 建立一种长期交易关系。双方在时期 0 接触，在时期 1 可能交易。假定买者与卖者在时期 0 处在一个完全竞争的市场，而在时期 1 进入双边垄断关系。威廉姆森（1985）把从时期 0 到时期 1 的变化视为"根本转变"。我们并不对这一转变的原因进行模型化，这种根本转变可能源自事前的关系专用性投资，但是也可能存在其他的因素。

假设 B 为他的女儿举办一场婚宴。S 可能是一个宴会承办者，在婚礼前的 6 个月，市场上存在很多个宴会承办者供 B 选择，但是 B 很难在婚礼前的一周内寻找到合适的承办者。尽管这里并没有明量的关系专用性投资，但是根本转变是存在的。分析关系专用性投资很容易，但是我们将假设投资是可缔约的，不依赖于不可约的投资是本书模型的一个重要特征。

建立模型的基本假定。第一，标准假定，时期 0 的不确定性在时期 1 消除。存在完全对称的信息，且双方是风险中性和不存在财富约束的。现在我们做两个不同于不完全合同文献的关键性假定。第二，交易假定，事后交易仅部分可缔约，具体地，尽管事后交易的主要概要是可缔约的，但是精确的细节是不可约的。正如导论中所说，我们区分了字面绩效与实质绩效，前者是按照合同的字面去执行，而后者则依照合同中的合作精神去实现。字面绩效是可通过法庭执行，而实质绩效不可能。比如，法官可以判定婚宴的食品是否被提供了，而不可能判断蛋糕的质量或主人对宴会承办方的职员是否友好。在描述第二个假定之前，我们先给出交易的时间线，约方在时期 0 见面，此时可能存在不确定性，缔约方可能选择签订一个允许多种可能结果的弹性合同，在时期 1 不确定性消失，缔约方重新修订合同，并从合同允许的结果中选择最合适的。交易在之后发生，实质绩效的实现程度也相应决定。我们将给出一些是实质绩效决定因素的行为假设，第一，实质绩效花费的成本并不比字面绩效更高，它花费的稍微多一点或稍微少一点无关紧要，也就是说，一方可能确实乐意提供实质绩效，即双方对于提供实质绩效与字面绩效是近似无差异的。这与 2017 年诺贝尔经济学奖得主塞勒的观点相似，人有合作天性。在这种近似无差异假定下，如果一方被友好对待，那么他将愿意提供实质绩效；但是如果他被糟糕对待，那么他将不会尽职尽责。我们将友好对待定义为他得到了他认为他应得的部分，而时期 0 的合同可以作为双方权利的参照点。事实上，哈特把合同看作权利唯一的参考点，这也意味着，如果缔约方得不到合同所能给予的最大利益，那么他将会感到利益被侵犯。第二，例如，如果时期 0 的合同规定了一个结果，那么每一方都会觉得他们得到了合同所给予的最大利益。如果合同指定了不一个结果，事情将变得复杂。现在双方关于认定的结果将不再是一致的，尤其是如果合同认为结果 a 和结果 b 都可能发生，那么一方可能认为对他最有利的 a 而不是 b 应该发生，我们并不对这种差异产生的原因进行建模。为了尽可能地简化这种冲突，假定每一方认定有权获得合同允许的最好结果。第三，当一方未获得他有权得到的结果时，他将感到受到侵害并进行报复，从而发生"绩效折减"。令 U_b 和 U_s 分别代表买卖双方从契约结果中可能得到的总收益。定义买方的侵害水平 a_b 等于他能实现的最大收益减去 U_b。卖方的侵害水平 a_s 的定义类似。定义 σ_b 为买方通过折减绩效施加给卖方的货币损失，σ_s 是卖方施加给买方的货币损失。

标准的不完全合同理论认为，如果不存在不可缔约的投资，事前合同是没有必要的。哈特认为，没有合同不是最优的。因为如果在时期0不订立合同（包括口头合同），在时期1会存在分歧。解决方案：时期0签订一个合同。该合同固定了双方的期望和认定的权利，即该合同为一个参考点。因为时期0的市场比时期1更具有竞争性，它为双方相互之关系的贡献，提供了一个相对客观的外部度量。只有时期0的市场是不够的，买者和卖者在时期0的合同中必须体现出市场信息，即双方约定的价格必须是竞争价格（货比三家）；必须有口头或文字合同。如果在时期0没有签约，到时期1，但时期0市场就不发挥作用，自利偏好将发挥作用，结果双方将产生分歧，侵害和绩效折减发生。

农业生产投资具有很大的不确定性，因为投资本身具有很大的信息不对称性，同时农业投资面临着自然和市场双重风险。因此，种植大户投资前需要对转入的土地签订流转合同，虽然这个合同不是最优的，但如果没有投资前的合同，将会为以后的农业投资留下隐患，土地投资前的合同规定了双份的期望权利和义务，为下一期合同制定提供一个参考点。土地确权为农户间土地流转合同的签订提供了基础性条件，很有可能推动农户间土地流转，推动土地规模经营。

二、劳动力非农就业的相关理论研究

　　劳动力迁移是经济学、社会学、人口学、经济地理学等学科研究的热点问题，早在 19 世纪，拉文斯坦（Ravenstein，1885）就用欧洲人口迁移数据研究其城乡劳动力流动规律。此后，刘易斯（Lewis，1954）、拉尼斯和费景汉（Raim and Fei，1961）、托达罗（Todaro，1969）、哈里斯（Harris，1970）、斯塔克（Stark，1991）、泰勒（Taylor，1999）在内的诸多学者和经济学家等从不同的视角对劳动力迁移的机制和原因行了开拓性研究[①]。与我国劳动力非农就业不同，国外的农村劳动力非农就业和劳动力转移是同步的，但国内外劳动力迁移也有很大的相似之处，二者的核心内涵均为劳动力资源的再配置，因此，我们需要对劳动力迁移的相关理论进行系统梳理。

（一）刘易斯劳动力迁移模型

诺贝尔奖得主刘易斯的二元经济结构理论，分析了劳动力城乡迁移问题。在刘易斯模型中，他将经济部门划分为传统的农业部门和现代城市部门，前者是"非资本主义部门"，后者是"资本主义部门"。刘易斯（1954）认为传统农村部门存在大量劳动力，这些劳动力大部分处于失业或半失业状态，而且其边际劳动生产率很低，接近于零或负值，这些劳动力从农村迁移到城市对农村部门没有负面影响。只要城市部门提供一个略高于农业部门的平均工资水平，农村劳动力将会源源不断地流向城市工业部门。经济的发展取决于后者，经济发展过程就是现代部门不断把劳动力剩余进行重新配置，使其规模不断扩大，将传统农村部门的多余劳动力转移到城市部门，这时二元经济将演变为一元经济。

刘易斯的二元经济理论将经济增长和结构转型紧密联系在一起，分析了传统农村部门和现代城市部门的巨大差异，开辟了城乡劳动力流动理论研究的先河。但是后来的学者对该理论也持有不同的观点：第一，舒尔茨（1965）认为，零值劳动力假设有一定问题，刘易斯模型强调的农村劳动力无限供给和零值劳动力与现实实践不符，农村地区不存在零值劳动力。第二，该模型忽视了农业的重要性，从静态角度将农业部门

---

① 钱龙. 非农就业、农地流转与农户农业生产变化 [D]. 浙江大学，2017.

作为向现代部门供给劳动力的部门。尤其在我国推行乡村振兴战略和农业优先发展战略背景下，这个模型的缺点就更加明显。第三，该模型假定了城市不存在失业，这与我国的情况也不符合。第四，该模型将不变工资率、劳动与资本比率不变作为前提假设，但经验研究并不支持这个假设。

（二）拉尼斯和费景汉模型

拉尼斯和费景汉（Rains and Fei，1961）进一步发展了刘易斯模型，他们认为刘易斯模型存在两个缺陷：第一，对农业部门的重要性认识不足。第二，忽视了农业劳动生产率与劳动力非农就业转移的关系。拉尼斯和费景汉将模型划分为三个阶段：第一阶段，农业中存在大量失业，这些剩余劳动力其边际劳动生产率为零，首先将会转移到非农部门就业，而且不会影响到农业的发展，把这个设为刘易斯第一拐点。第二阶段，假设了制度工资不变，城市工业部门继续吸收农村剩余劳动力，这些劳动力的生产率大于零，但低于制度工资。在这个阶段，农业生产会受到限制，农业生产量会下降。同时受农业生产萎缩的影响，粮食短缺导致工业品相对价格下降，工人工资水平将上升。在这一阶段，直到这部分劳动力生产率大于零，但低于制度工资的农村劳动力被转移完毕，此为刘易斯第二拐点。第三阶段，农村剩余劳动力被吸收完毕，农业边际劳动生产率开始高于制度工资，农业和非农劳动力可以获得市场工资，经济由二元转变为一元（蔡昉，2010）。

根据分析刘易斯的第一阶段较为容易完成，但刘易斯第二拐点较难完成，如何度过粮食短缺点？拉尼斯和费景汉认为关键在于农业劳动生产率的提升，使得农业部门和非农部门均衡增长，使得农业部门不仅为非农部门提供劳动力，还提供农业剩余。鉴于拉尼斯和费景汉的突出贡献，经典的二元结构模型又被称为"刘易斯—拉尼斯—费景汉"模型。虽然拉尼斯和费景汉发展了刘易斯的模型，但仍有很多缺陷没有突破，比如不变的工资制度，没有考虑城市失业问题等。因此，该模型还不能完美地解释劳动力迁移问题。

（三）哈里森—托达罗模型

在"刘易斯—拉尼斯—费景汉"模型中，假设了城市中不存在失业，农村劳动力是根据城乡实际收入差距而做出的迁移决策。托达罗发展了该模型，提出了自己的理论。托达罗（1969）认为，城乡收入差距预期是农村劳动力向城市迁移进入非农部门就业的主要驱动力，这个预期还决定了农村劳动力在城市工业部门找到工作的概率、非农就业收入、农业工作收益和转移成本。托达罗的模型假定了农户是风险中性的，农户会理性地权衡上述因素，当劳动力预期在城市非农产业获得收入大于务农收入时，劳动力将会离开农业部门，否则会选择留下。托达罗模型还表明，仅仅靠工业发展无法解决城市工业部门的失业问题，因为这会进一步吸引农村劳动力来到城市，从而加剧失业问题。托达罗的解决方法是，消除一切导致城乡收入差距的人为因素，重视农村发展，推进城乡一体化。

哈里森对托达罗模型进行了发展，被称为"哈里森—托达罗"模型，哈里森等（1970）假定城市工业部门的工资率是外生变量，内生决定的市场工资会导致农村居民向非农产业迁移率下降，由此降低了失业率。"哈里森—托达罗"模型从微观视角对劳动力非农就业进行了深入分析，但这个模型也有不足之处，比如假定了农户风险中性，农村劳动力不存在失业，没有考虑户籍制度对农村劳动力迁移的影响，因而在应用过程中要加以修正。

（四）新迁移经济学

刘易斯二元结构模型是从宏观角度研究劳动力迁移问题，"哈里森—托达罗"的新古典模型则是从微观角度来解读这一问题，斯塔克和泰勒为代表的经济学家，尝试以家庭为基本单位，分析劳动力向城市迁移问题，形成了新迁移经济学理论（NELM）。

学者斯塔克（1991）研究发现，农村劳动力向城市迁移或从事非农就业并不仅仅是个人层面的决策，而是"一组人决策的结果，或是对一组人决策的执行"，表现为家庭决策。家庭的户主做出劳动力资源配置后，所有家庭成员都会为改善家庭福利而共同努力。新迁移经济学将农村家庭劳动力部分外出打工的原因划分为：第一，为了分散家庭收入波动风险，平缓家庭内部消费。因为农业生产面临着自然和市场风险，部分家庭成员外出务工后，可以通过非农收入解决家庭收入波动（泰勒等，2003）。第二，提升家庭收入水平。由于农业属于传统弱质产业，经营农业收益较低，而非农就业收入较高。与所有家庭劳动力都配置在农业部门相比，劳动力多元化配置可以改善家庭收入结构，提高家庭平均收入水平，改善家庭福利（沃弗曼和泰勒，2008）。新迁移经济学还认为，家庭中从事农业劳动的劳动力和非农就业的劳动力之间存在一种契约关系，前者为后者提供保障，后者为前者提供较为稳定收入，双方共同保障家庭效用最大化。

（五）劳动力迁移理论的评述

刘易斯为代表的二元结构模型从宏观角度对劳动迁移问题进行了较早的理论分析，"哈里森—托达罗"模型从微观角度考察了城乡预期收入差距与农村劳动力迁移的关系，新迁移经济学理论则从家庭层面分析了农户劳动力的优化配置的机理。三种理论从不同视角研究农村劳动力迁移问题，奠定了工业革命之后农村劳动力迁移问题研究的理论基础。从理论渊源看，第一种理论属于结构主义范式，第二种理论为新古典范式，新移民经济学则是对第二种理论的发展。这些劳动力迁移理论对分析中国劳动力非农就业问题具有较大的借鉴意义。农村劳动力的迁移或非农就业从成本—收益角度看，是一种劳动力的投资或人力资本投资行为，这些传统的劳动力迁移理论并未从涉及这个研究视角。

本书研究主要借鉴新迁移经济学理论，分析确权后中国农户如何在农业和非农部门间优化配置劳动力资源，及其确权后非农就业行为和农业生产行为的变化。并将劳动力非农就业看作一种人力资本投资行为，研究制度变化对农户人力资本投资的影响。

三、人力资本理论

农村劳动力非农就业表现为农村劳动力由农村迁移到城市，实质是劳动力的迁移投资，因此我们需要梳理人力资本理论，奠定研究劳动力非农就业问题的理论基础。

（一）人力资本理论发展简史

经济学家对人力资本理论的认识是不断深化和完善的过程。人力资本理论的最早研究起源于对劳动问题的研究，威廉配第最早提出了"土地是财富之母，劳动是财富之父"的观点，首次强调了人类劳动在经济社会发展中的重要性，间接强调了人力资本。在此基础上，亚当·斯密注意到知识技能对生产活动的重大意义，比如"由于学习是一种技能，需要通过接受教育、进学校或者学徒等方式来获得，这个过程需要花费不少，所有这些花费通过劳动者才能提高才能表现出来，并与学习者自身紧密结合在一起不可分割。培训获得的才能不仅是个人财产的一部分，对其所属社会也是财产的一部分。"这是斯密先生对人力资本理论的最早的论述。经济学家萨伊发展了斯密对人力资本的看法，将劳动与资本和土地等其他要素同等对待。约翰穆勒最早提出了人力资本的概念，他指出"知识和技能都会在不同程度上对劳动生产率产生影响，通过教育带来劳动能力的提高，可以促进国民财富增加"。马歇尔将人的能力划分为通用能力（general ability）和特殊能力（specialized ability），通用能力指劳动力具备的完成一般性工作的通用知识和技能，特殊能力指劳动者拥有的特殊工作的熟练程度。同时，马歇尔也运用"替代原理"解释了人力资本对物质资本的替代作用，强调了在经济社会发展中人力资本投资的重要性和长期性。

第二次世界大战之后，人力资本理论体系形成并迅速发展，主要代表人物有：雅各布·名瑟、舒尔茨、贝克尔和丹尼森等。因为二战后西方国家经济迅速增长，传统的经济理论不能很好地解释这种经济增长现象，许多经济学家开始从人力资本角度解释这种新的经济增长问题。雅各布·名瑟（1958）首次将人力资本作为影响经济增长的重要因素，并提出了名瑟工资方程，揭示了劳动者个体人力资本存量与工资收入的关系，并以美国20世纪70年代的数据估算了其教育、培训投资与投资收益率的关系。西奥多·舒尔茨（1960）对人力资本进行全面、系统的研究，其主要观点有五：第一，人力资本的载体是劳动者，表现为劳动者智力和体力的总和；第二，人力资本的获得来自投资，教育、医疗、培训和迁徙是人力资本投资的主要途径；第三，人力资本增长是推动一国经济增长的主要动力；第四，与其他推动经济增长的动力相比，人力资本的投资收益率最高；第五，与其他资本不同，人力资本具有投资收益率递增的特征。舒尔茨首次阐述了人力资本理论的内涵、基本特征和运行规律，并将人力资本与宏观的经济增长问题联系起来，创新了经济增长理论。贝克尔在舒尔茨的基础上对该理论进行发展，他的主要贡献是从微观角度对个体、家庭等微观主体在人力资本投资方面的决策进行了深入研究。丹尼森将计量经济方法运用于人力资本理论的研究，论证了人力资本与教育水平之间的数量关系。20世纪80年代经济学家卢卡斯和罗默创立的新经济增长理论，基于人力资本理论构建了内生知识积累的经济增长模型。

（二）人力资本与人力资本投资概念辨析

舒尔茨首次对人力资本进行定义，他认为人力资本是体现在人身上的知识、技能、经历、经验和熟练程度等的总和，只有通过人的投资才能形成人力资本。国内学者对人力资本定义进行探索研究，朱舟（1999）人力资本是通过学校教育、家庭教育、职业培训、卫生保健、劳动力迁移等途径获得的，可以提高劳动者生产率和工资的、凝结在劳动者身上的技能、学识、健康和道德的总和。

关于人力资本投资概念，舒尔茨（1960）认为，任何一个劳动者的经济才能并不是与生俱来的，而是通过教育、健康、培训和迁徙等多种带有投资性质的获得逐步取得的。并且舒尔茨首次区分了物质资本和人力资本，并认为同质资本的简单化假设对资本理论的发展是严重阻碍。他认为，劳动是具有异质性的，劳动力的健康状况和所受教育程度不同，会导致劳动生产率的差异，并最终反映在收入差距方面，而且这种收入差距的根源在于人力资本投资的不同。贝克尔（1964）对人力资本投资概念提出新的见解，他认为人力资本投资途径是多种多样的，"所有用于增加劳动者的能力以及会对其货币收入与心理收入产生影响的活动都构成了人力资本投资"。

以上经济学家对人力资本投资概念和内容的定义可以发现，教育、培训、健康和迁徙都是获得人力资本投资的途径。其中迁移投资主要是劳动力用于地区间流动所支付的迁移费用，这种费用在对人力资本存量的形成或增加方面并没有直接作用，但是劳动力在迁移过程中所增长的见识、知识或技能等，均可以促使劳动者的人力资本存量水平的提高。因此，劳动力迁徙投资也是实现人力资本提升的重要方式。

（三）非农就业劳动力迁移投资的主体

非农就业劳动力迁徙投资主体包括：农民、政府、企业和社会组织。第一，农民自身投资。在农村人力资本投资过程中，农民具有双重身份，即是人力资本投资的主要供给者，也是人力资本投资的直接受益者，因此，非农就业劳动力具备进行人力资本投资最强有力的动力基础。农民为了获得较高工资或改善生活，常常通过不断地接受教育、职业培训、医疗保健、迁移、冒险等方式进行人力资本投资。第二，政府投资。政府在劳动力非农就业过程中起着举足轻重的作用，政府的投资可以分为直接和间接投资两种，直接投资是资金上的支持，表现为政府通过国家公共财政来支持农村教育、医疗卫生、社会保障、非农就业指导和就业信息提供等。间接投资是指在政策上的倾斜，主要包括：非农就业农民的职业培训、保障以及迁徙政策等，以此调动各方面力量增加对非农就业劳动力的投资。第三，企业投资。企业对农村非农就业劳动力的投资具有很强的功利性，企业投资内容包括：对农村劳动力的专业技能培训、医疗保健、迁徙投资等。第四，社会团体投资。非赢利的社会团体包括：工会、农民工就业协会、红十字会等，这些组织为农民提供就业服务、医疗保健、专业技能培训等。

（四）人力资本理论与劳动力非农就业

本书主要研究农村劳动力由农村迁移到城市，由农业就业向非农就业转移，这种城乡间和行业间的迁移实质是一种人力资本投资行为，更重要的是农村劳动力的城乡迁移除了获得非农就业岗位的培训等投资之外，还承担着失业、转租土地流失等风险，因此，农村劳动力的非农就业不仅仅是人力资本投资，还是一种特殊的风险投资行为，非农就业劳动力的人力资本投资概念更为丰富。

四、土地制度相关理论研究

（一）土地制度的含义

土地制度是经济社会发展中最基本和最重要的制度安排。根据马克思的理论，土地制度是以土地为媒介形成的人与人之间的经济生产关系。作为基本经济制度需要法律的确认和保护，经过法律认可的土地制度成为社会法制制度的重要组成部分和内容，而且还能规范、确认、保护、强化土地经济关系。因此，土地制度是在国家权力监督、控制之下，对于个体之间因为占有、支配和使用土地而建立的人与人之间的权利关系。

（二）土地制度的功能

土地制度具有激励功能、保障功能和资源配置功能。

激励功能是土地制度最基本的功能。土地制度是生产关系的重要组成部分，土地制度安排要与农业生产水平相匹配，才能有效调动农民的积极性，推动农业生产的不断发展。是否有足够的激励往往是一种土地制度成功与否的关键。土地制度的激励可以表现为物质的和非物质的，起到的作用有可能是正向的，也有可能是负向的。对于土地承包者或经营者，物质激励一方面让他们对土地的投入与产出自动协调，另一方面也对其不合理使用土地资源行为进行惩罚。

由于我国特殊的社会保障体制，农村土地制度与户籍制度具有耦合关系，因此土地制度还承担着非常重要的社会保障功能。土地制度保障农民的决策权和经济利益权利，是农民安居乐业的基础。

土地制度的配置功能。在我国农村土地集体所有制下，农民只有土地的承包经营权，没有确权之前，农民土地流转投资受到诸多条件限制，农民承包土地无法给其带来稳定的投资收益；而土地确权之后，非农就业农民的土地流转投资得到保障，农民可以长期将土地流转投资并获得较为稳定的投资收益。

（三）土地产权理论

目前学界对土地产权的研究存在分歧，传统的科斯产权理论认为，土地产权是建立在一定土地所有制基础上的土地的归属权利和运用土地的行为权利，包括土地的所有权即土地的最终归属权，也包括具体占有权、使用权、交易权、收益权、处置权等，是土地权利的总和，是多种土地权利组成的权利束。在这个权利束中所有权是最重要的权利，它是土地所有者在法律规定的范围内自由使用和处置这些土地的权利。土地所有权具有排他性，某人对某块地拥有所有权，就意味着其他人或组织不得干涉他的法定权利。土地的占有权是对土地实际控制的权利。而土地的使用权是指在遵守国家土地使用规定基础上进行生产开发的权利。土地收益权是利用土地获取经济利益的权利。土地处置权是法律所赋予的改变土地经济用途或状态的权利。从静态角度看，基于科斯产权理论上的土地权利理论对研究中国土地制度问题具有较强的指导意义。但是从动态角度看，哈特的不完全契约理论更能准确地解释中国农村土地制度问题。哈特的不完全契约理论认为，合同中明确规定的特定权利并不重要，而合同中没有界定的剩余权利是一种稀缺资源。中国土地制度具有所有权、承包经营权分置的特点。这也意味着中国土地制度具有不完全契约的特点。因此，农民是否拥有承包土地的剩余控制权是问题的关键所在。

（四） 马克思地租理论的一般原理

地租是土地所有权在经济上的结果。因此，地租是土地所有者凭借所有权获得的收入，这也是地租的共同性质。马克思认为，尽管李嘉图已经假定资产阶级的生产是地租产生的必要条件，但他的分析仍是在所有权前提之下进行。在土地所有权还存在的条件下，只要存在所有权、使用权分离的状况，土地使用者就要向土地所有者缴纳地租，这就是马克思的地租理论。后来学者还将地租理论进行发展，将地租细分为：绝对地租、级差地租和垄断地租。地租理论解释了土地剩余分配，但是地租理论没有解释剩余的来源问题，也不能很好地解释为什么地租由劳役地租演变为实物地租，后来又演变为货币地租的过程，这表明在地租后面还有剩余，地主凭借所有权将土地剩余通过地租形式的改变而占有这些剩余。但哈特的剩余控制权理论可以很好地解释地租形式的演变原因。地主凭借所有权控制了土地剩余，借助不断变化的地租征收方式实现土地剩余最大化。

第三章

不完全契约视角下农村土地
制度变迁原因研究

　　诺贝尔经济学奖得主哈特的不完全契约理论不仅可以用于解释微观经济问题，还可以解释土地制度变迁等宏观经济问题。农地制度变迁涉及地方政府、村集体和农民三者的利益，现有文献只是从其中一个利益相关者的角度研究农业剩余分配、土地调整、征地冲突、农村劳动力非农就业和农地确权等问题。本书运用"不完全契约—剩余控制权"分析框架，能够将地方政府、村集体和农民三者结合起来研究。研究发现，20世纪90年代农民负担过重问题的主要原因在于承包制具有不完全契约特性，农民没有农业剩余的控制权；土地被频繁调整的原因在于村集体控制了农地调整所产生的剩余，造成农民承包土地产权安全性较低；承包制的不完全契约特性导致土地流出者和流入者在土地流转过程中都承担着风险，从而限制了土地流转速度和流转规模；政府和村集体占有了征地所产生的剩余，造成农民利益在征地中被剥夺，引发了激烈的征地冲突；承包制的不完全契约特性，造成农地产权模糊，产权安全性低，增加了非农就业农民的机会成本，影响其长期稳定的从事非农就业。农地确权提高了农民对承包土地的剩余控制权，制约了村集体对土地的调整行为，限制了地方政府和村集体对土地的剩余控制权，在很大程度上解决了承包制的不完全契约问题。

一、我国农村土地制度变迁历程

新中国成立以来，我国农村土地制度经历私有制、集体所有、土地承包制和土地确权等一系列改革。我们将其划分为六大阶段，第一阶段：1949～1952 年农村土地私有制阶段；第二阶段：1953～1956 年农村土地由私有向集体所有过渡阶段；第三阶段：1957～1978 年人民公社时期；第四阶段：1979～2000 年土地集体所有制下家庭联产承包责任制过渡和确立期；第五阶段：2001～2012 年土地集体所有制下家庭联产承包责任制稳定和发展期；第六阶段：2013 年至今，土地集体所有制下土地确权改革，土地集体所有制下土地创新改革期。

改革开放以前，我国农村土地制度变迁具有强制性特点。1949 年新中国建立后，在"耕者有其田"思想指导下，政府将地主的土地强制性分配给无地和少地农民，这就是历史上的土地改革。1952～1978 年是农村土地集体化运动，先开展的合作化，后进入人民公社。1952 年之前，农村土地私有，农民凭借土地所有权控制土地生产剩余；1952～1978 年，农村土地逐步收归村集体所有，甚至部分时期收归国有，政府凭借土地所有权，控制了农业生产剩余，并且试图凭借对土地的控制而控制农民的劳动。但是人民公社时期农村普遍存在消极怠工情形，农业生产不能满足国民经济发展需要，甚至不能满足农民基本的温饱问题，由此也推动着农村土地制度变革。

1979～2000 年，是我国农村土地制度过渡期和确立期。这个阶段土地制度具有明显的阶段性变迁特征。具体又可以划分为三个小阶段：第一阶段：1979～1983 年是家庭联产承包责任制基本确立阶段，农村土地从人民公社时期土地集体所有、集体经营逐步过渡到包产到户、包干到户，直到最后确立了土地集体所有、农户家庭承包和经营的基本形态。这一阶段的制度变迁是我国农村土地制度的一次历史性转变，具有明显的激励机制，提高了农业劳动生产率。第二阶段：1984～1993年，属于家庭联产承包责任制的完善和延续，主要是确立了土地家庭经营的基本框架，并将土地承包期限延长至15年不变。第三阶段：1993～2000年，制度变迁重要强调了农村土地承包期30年不变，随着中央政府对土地家庭经营的进一步肯定，承包期从15年延长到30年，在理论和实践上进一步强化了家庭对农村土地使用权的观念。

2000～2012年，农村土地集体所有制下家庭联产承包责任制的完善和转折期。随着我国加入世贸组织，农业作为弱质产业和传统产业很难应对国际竞争压力，为提高农业产业国际竞争力，政府先后实施取消农业税、将土地承包期延长等一系列刺激农民农业投资的措施。我国加入世贸组织后，对外开放程度上升，农村劳动力向非农产业转移加速，农业生产由劳动密集型产业逐步向资本密集型产业转变，土地流转加快，家庭农场、农业生产专业合作社以及农业公司逐步开展土地适度规模经营。这一阶段虽然没有明显的土地制度安排，但为2013年的农村土地确权改革积蓄了力量。

2013年至今，农村土地集体所有制基础上农村土地确权改革，这是我国农村土地制度改革过程中的创新期。2013年中央一号文件指出，用5年时间基本完成农村土地确权登记颁证工作。2016年中央一号文件提出，到2020年基本完成土地等农村集体资源性资产确权登记颁证、继续扩大农村承包地确权登记颁证整省推进试点。加快推进房地一体的农村集体建设用地和宅基地使用权确权登记颁证。2016年10月中共中央办公厅、国务院办公厅印发了《关于完善农村土地所有权承包权经营权分置办法的意见》，强调落实农村土地集体所有权、稳定农户承包权、放活土地经营权。这份关于"三权分置"的重要文件，无疑将成为我国农村土地制度改革的又一座重要的"里程碑"。2017年10月，《中华人民共和国农村土地承包法修正案（草案）》吸纳"三权分置"，规定以家庭承包方式取得的土地承包经营权在流转中分为土地承包权和土地经营权；稳定农村土地承包关系长久不变，规定耕地承包期届满后再延长

30 年。农村土地确权是继 1978 年家庭联产承包责任制后最为深刻的一次改革，稳定了土地承包户和经营户的产权预期，明晰了政府、村集体和农户的土地权利边界，在一定条件下将土地承包经营的剩余控制权界定给农户，必将加速土地承包户的土地流转投资和土地经营户的土地关系专用性投资（见表 3－1）。

表 3－1   中国农村土地制度演变（1949～2017 年）

阶段	时间	制度名称	制度演变
第一阶段（1949～1952 年）	1950 年 6 月	中华人民共和国土地改革法	废除封建地主土地所有制，实行农民土地所有制。承认一切土地所有者自由经营、买卖及出租其土地的权利
	1951 年 12 月	中共中央关于农业生产互助合作的决议（草案）	促进农业互助及农业互助组形式的农民组织
第二阶段（1953～1956 年）	1953 年 2 月	中共中央关于农业生产互助合作的决议	个体所有制开始向具有社会主义性质的制度形式依次演变
	1953 年 12 月	中共中央关于发展农业生产合作社的决议	由个体经济向合作经济、农民土地所有制向集体所有制过渡
	1955 年 10 月	关于农业合作化问题的决议	试办农业生产合作社，将初级社转变为高级社
第三阶段（1957～1978 年）	1958 年 8 月	中共中央关于在农村建立人民公社问题的决议	"一平二调""一大二公"为特征的公社所有制农村土地制度
	1962 年 9 月	农村人民公社工作条例修正草案（简称六十条）	"三级所有，队为基础"，恢复农民的自留地与家庭副业。生产队所有的土地一律不准出租和买卖
	1978 年 12 月	农村人民公社工作条例（试行草案）；中共中央关于加快农业发展若干问题的决定（草案）	明确规定不许包产到户和分田单干

续表

阶段	时间	制度名称	制度演变
第四阶段 (1979～ 2000 年)	过渡和确立期 1979 年 4 月	农村工作座谈会议纪要	包产到户是倒退，要求已经搞包产到户的地方要进行纠正
	1979 年 9 月	中共中央关于加快农业发展若干问题的决定	不许分田单干，但开了口子*，集体所有，家庭经营的农地制度开始渐次取代公社型集体所有制
	1980 年 3 月	全国农村人民公社经营管理会议纪要	极少数特定条件下的包产到户不要硬性扭转
	1980 年 9 月	关于进一步加强和完善农业生产责任制的几个问题	指出包产到户没有复辟资本主义的危险，可以包产到组，可以包产到户，也可以包干到户
	1981 年 12 月	全国农村工作会议纪要（1982 年一号文件）	肯定"双包"的社会主义性质（与集体经济相连），突破了"三级所有，队为基础"的体制框架
	1982 年 12 月	当前农村经济政策的若干问题（1983 年一号文件）	高度评价了家庭联产承包责任制并全面推行，提出统分结合的双层经营体制，消除了分歧
	稳定和发展期 1984 年 1 月	关于 1984 年农村工作的通知（1984 年一号文件）	规范土地家庭承包制（延长承包期，鼓励增加投资，培养地力），首次提出"土地使用权"概念
	1985 年 1 月	关于进一步活跃农村经济的十项政策（1985 年一号文件）	长期稳定家庭联产承包责任制，调整农村产业结构
	1986 年 1 月	中共中央国务院 1986 年农村工作部署（1986 年一号文件）	长期稳定家庭联产承包责任制，首次提出"双层经营体制"概念，深化农村改革（统购统销、流通体制等）
	1986 年 4 月	中华人民共和国民法通则	首次提出"农民的承包经营权"概念，界定为"财产权"

续表

阶段	时间	制度名称	制度演变
	稳定和发展期	1986年6月 中华人民共和国土地管理法	不得侵占、买卖、出租或者非法转让土地。国家为了公共利益的需要，可以依法对集体所有的土地实行征用
		1988年12月 关于修改《中华人民共和国土地管理法》的决定	家庭联产承包责任制完成了规范化、制度化和初步法制化。土地使用权转让的具体办法另行规定
第四阶段（1979～2000年）	稳固和深化期	1993年3月 中华人民共和国宪法修正案	确立了家庭联产承包责任制的法律地位
		1993年7月 中华人民共和国农业法	稳定家庭联产承包责任制，完善统分结合的双层经营体制。规定农民对承包地的转包、转让、优先承包和继承权
		1993年11月 关于当前农业和农村经济发展的若干政策措施	承包期延长30年不变，提倡承包期内"增人不增地，减人不减地"
		1997年6月 中办、国办关于进一步稳定完善农村土地承包关系的通知	对稳定土地承包关系进行部署，提出"大稳定小调整"，对"两田制"和"机动地"等提出了政策界限
		1998年8月 中华人民共和国土地管理法	承包期30年上升为法律，严格限制土地调整。首次提出"土地用途管制制度"，禁止土地转让用于非农建设
		1998年10月 中共中央关于农业和农村工作若干重大问题的决定	赋予农民长期而有保障的土地使用权
		1999年3月 中华人民共和国宪法修正案	正式确立以家庭承包经营为基础、统分结合的双层经营体制的法律地位
		1999年3月 建设用地审查报批管理办法	加强土地管理，规范建设用地审查报批
		1999年5月 国务院办公厅关于加强土地转让管理严禁炒卖土地的通知	农民集体土地使用权不得出让、转让或出租用于非农业建设。农宅不得向城市居民出售

续表

阶段	时间		制度名称	制度演变
	稳固和深化期	2001 年 12 月	报国务院批准的土地开发用地审查办法	国土资源部审查报国务院批准的土地开发用地的范围、原则、依据、内容、程序等
第五阶段（2001～2012 年）	完善和转折期	2003 年 3 月	国务院关于全面推进农村税费改革试点工作的意见	推进农村税费改革试点
		2003 年 12 月	中共中央、国务院关于促进农民增收若干政策的意见	稳定农业生产，促进农业增收，保护农民的土地承包经营权（此后连续 12 年发布关于"三农"问题的一号文件）
		2005 年 12 月	关于废止《中华人民共和国农业税条例》的决定	取消农业税，实现了"均田免赋"的重大战略
		2006 年 10 月	国务院关于深化改革严格土地管理的决定	禁止城镇居民在农村购买宅基地。凡占用农用地的必须依法办理审批手续
		2007 年 12 月	关于严格执行有关农村集体建设用地法律和政策的通知	农村住宅用地只能分配给本村村民。任何涉及土地管理制度的试验和探索，都不能违反土地用途管制制度
		2008 年 10 月	中共中央关于推进农村改革发展若干重大问题的决定	逐步建立城乡统一的建设用地市场，同地同权。逐步缩小征地范围
第六阶段（2013 年至今）		2013 年 11 月	中共中央关于全面深化改革若干重大问题的决定	完善产权保护制度，健全归属清晰、权责明确、保护严格、流转顺畅的现代产权制度
		2013 年 11 月	中央一号文件提出，全面开展农村土地确权登记颁证工作	健全农村土地承包经营权登记制度，强化对农村耕地、林地等各类土地承包经营权的物权保护
		2013 年 11 月	中共中央关于全面深化改革若干重大问题的决定	保障农户宅基地用益物权，改革完善农村宅基地制度，选择若干试点，慎重稳妥推进农民住房财产权抵押、担保、转让，探索农民增加财产性收入渠道

续表

阶段	时间	制度名称		制度演变
第六阶段（2013 年至今）	完善和转折期	2014 年 1 月	关于全面深化农村改革加快推进农业现代化的若干意见	完善土地承包政策、规范农村集体经营性建设用地入市、完善农村宅基地管理制度、加快推进征地制度改革
		2014 年 11 月	关于引导农村土地经营权有序流转发展农业适度规模经营的意见	促进粮食增产与农民增收、积极培育新型农业经营主体、引导土地规范有序流转。所有权、承包权、经营权三权分置，维护所有权、保障承包权、放活经营权
		2015 年 1 月	关于农村土地征收、集体经营性建设用地入市、宅基地制度改革试点工作的意见	完善土地征收制度、农村宅基地制度，建立农村集体经营性建设用地入市制度，完善土地增值收益分配机制
		2015 年 2 月	关于加大改革创新力度加快农业现代化建设的若干意见	推进农村法治建设，推动“四化”同步发展，推进农村集体产权制度改革，推进农村土地制度改革试点
	改革创新期	2016 年 1 月	中共中央关于完善农村土地所有权承包权经营权分置办法的意见	顺应农民保留土地承包权、流转土地经营权的意愿，将土地承包经营权分为承包权和经营权，实行所有权、承包权、经营权（以下简称“三权分置”）并行，着力推进农业现代化，是继家庭联产承包责任制后农村改革又一重大制度创新
		2017 年 10 月	中华人民共和国农村土地承包法修正案（草案）	规定以家庭承包方式取得的土地承包经营权在流转中分为土地承包权和土地经营权；稳定农村土地承包关系长久不变，规定耕地承包期届满后再延长三十年；农民进城落户，自行选择是否保留土地承包经营权
		2017 年 10 月	中共十九大报告	巩固和完善农村基本经营制度，深化农村土地制度改革，完善承包地“三权分置”制度。保持土地承包关系稳定并长久不变，第二轮土地承包到期后再延长 30 年

注：＊即“除某些副业生产的特殊需要和边远山区交通不便的单家独户外，也不要包产到户。”从此包产到户有了“孤门独户”的例外，“不许”改为“不要”语气缓和了很多，在当时“谈包色变”的情况下第一次突破思想禁锢。

资料来源：新中国成立后我国颁行的农村土地制度法律、法规和政策文件。

二、不完全契约与农村土地制度变迁

2016年经济学诺贝尔奖得主哈特的主要贡献是不完全契约理论，哈特和莫尔（1990）主要以企业为研究对象，探索企业间的不完全契约问题。其实，不完全契约理论不仅可以研究企业等微观经济问题，还可以研究农村土地制度等宏观经济经济问题。本书尝试运用不完全契约理论解释中国农村土地制度的变迁，研究中国农村土地制度的不完全契约特性对政府、村集体和农民行为及其三者之间利益分配的影响。

20世纪70年代末兴起的家庭联产承包责任制（以下简称承包制），终结了实行20余年的低效率的人民公社制度，调动了农民生产积极性，大幅提高了农业生产效率，实现农业生产连续5年大丰收，基本解决了中国人的吃饭问题，并为1985年城市经济体制改革打下了坚实的农业基础。但是承包制的改革红利很快耗尽，自1984年中国的农业增长乏力，农村经济逐渐下滑、停滞，农民增收困难并且负担沉重；农民承包的土地被频繁调整，农民缺乏土地的稳定预期，耕地保护受到巨大挑战；城市周边农村征地冲突剧烈，产生大量失地农民，严重影响社会稳定；承包制下农地产权模糊，非农就业农民面临失地风险，制约其长期稳定的从事非农就业，影响政府推行的人口城镇化战略。因此，运用不完全契约理论，重新认识土地承包制的缺陷及其经济影响，有利于深化我国农地制度改革，加快推进农地确权进程。

三、从不完全契约视角研究土地承包制度变迁的特点

农地制度变迁涉及政府、村集体和农民三方利益，土地制度变迁是

三方力量相互作用、相互影响的结果。从不完全契约视角看，农村土地承包制属于不完全契约，承包制下土地的剩余控制权归土地的所有者——代理人（村集体）和村集体的上级领导（政府）所有，因此，农民与村集体、政府的博弈中始终处于弱势地位，在农民负担问题、土地调整问题、征地问题和土地流转问题中，农民始终是利益受损一方。基于不完全契约理论重新审视农地制度变迁及经济效应，我们能得到一些新的研究结论，具体研究结论见表3－2。20世纪90年代，农民负担过重问题是农村经济社会中的突出矛盾，学者在研究农民负担过重问题原因及对策时，仅仅从某一利益主体角度进行研究，不能揭示农民负担过重的根源；从承包制不完全契约视角能够将政府、农民和村集体三者结合起来研究，揭示了农民缺乏农地生产剩余的控制权是农民负担过重的根源。国内外学者在研究农地频繁调整问题时，也是从某一利益主体角度分析土地调整的原因，也不能从根源上解决该问题；从承包制的不完全契约视角引入农地调整的剩余，从而能合理解释土地被频繁调整问题。国内外学者主要从土地产权模糊性、土地流转交易费用较高的角度解释土地流转不畅问题；从不完全契约视角看，承包制的不完全契约特性导致土地产权模糊性，农民缺少土地流转剩余的控制权，造成土地流转费用较高。国内外学者将土地产权模糊性、政府攫取土地垄断租金作为征地冲突的主要原因，这种解释没有揭示土地产权模糊性与政府能够攫取垄断租金的关系；从不完全契约视角能够解释政府对农地的剩余控制权与政府攫取了征地剩余的关系。承包制的不完全契约导致农民负担过重、土地被频繁调整、土地流转不畅、征地冲突等一系列经济社会问题，农地确权清晰界定了政府、村集体和农民的土地权利边界，限制了政府和村集体对农地的剩余控制权，保障了农民的剩余控制权，在很大程度上解决了农地的不完全契约问题。

表 3 - 2　　　　　不完全契约视角下土地承包制度变迁研究的比较

承包制度变迁及经济影响问题	涉及利益主体	现有研究成果的不足	基于不完全契约理论的创新
农民负担问题	政府、村集体、农民	从某一利益主体研究农民减负问题	从政府、村集体和农民博弈的角度，将三者结合起来研究农民负担过重的根本原因
土地被调整问题	政府、村集体、农民	从某一利益主体研究土地调整动因	将政府、村集体和农民结合起来研究土地调整频繁发生的原因
土地流转问题	政府、村集体、农民	提出交易费用制约土地流转的观点，但没有揭示交易费用产生的根源	从不完全契约视角揭示交易费用产生的根源，交易费用与土地流转剩余的关系
征地问题	政府、村集体、地产开发商、农民	将政府攫取土地垄断租金和土地产权模糊作为征地冲突的主要原因	从不完全契约视角解释了政府攫取土地垄断租金与土地产权模糊性的关系
农地确权问题	政府、村集体、农民	将土地产权模糊、承包经营权不稳定作为确权的原因	从不完全契约视角解对确权原因做出新解释

四、不完全契约视角下土地制度变迁原因探析

新中国成立后农村土地制度经历了农民私有、公社所有以及村集体所有下的承包制等一系列制度变迁。已有研究成果都是基于科斯的产权理论对土地制度变迁的原因进行的研究。本书基于哈特的不完全契约理论，从剩余控制权转移的角度分析农村土地制度变迁的原因。

（一）从不完全契约理论看承包制下农业生产剩余分配

从历史背景看，家庭联产承包责任制适应了中国农村当时的生产力水平，并带动了农村生产关系发生相应的调整，集体和农户结合的双层经营体制，发挥了集体的力量和社员自主经营的积极性，能有效推动农

业生产的发展和多种经营的完善①。

从农业剩余分配的角度看，与人民公社时期的大锅饭、平均分配不同，家庭联产承包责任制实行"交够国家的，留足集体的，剩下是自己的"分配原则，打破了平均分配制度，把"所劳"与"所得"匹配起来，使农民成为独立的经济利益主体，最大限度地调动了劳动者的积极性②。从表面看，在"多劳多得，少劳少得"分配原则下，农民获得了农业生产的剩余索取权。但是，根据哈特的不完全契约理论，剩余控制权等同于所有权，只要契约里面没有明确的权力，拥有剩余控制权的一方就可以自行裁决（陈永伟，2016），农民没有农地的所有权也就没有农业剩余的控制权。在农业剩余的分配中，"交够国家的，留足集体的"是一个非常模糊的分配原则，从而为后来农民负担过重问题埋下了隐患。土地承包制涉及政府、村集体和农民三大主体，因此，农业剩余控制权归农村土地的所有村集体所有，拥有土地所有权的村集体控制了农地的剩余索取权，造成很多地方农村的乱摊派和乱收费问题，加重了农民负担。

实践也证明农民没有农业生产的剩余索取权。我国农民负担主要由三部分构成：农业税、乡统筹与村提留、乱摊派和乱收费。姑且称为税、规费和乱费，这与国有企业的负担形式类似（尹昌斌，1998）③。1985年以来，农民增收困难和负担沉重，中央多次出台文件治理农村乱收费、乱摊派问题。1991年，国务院便下达了《农民承担费用及劳务管理条例》，规定三提五统，不得超越农民上一年农民人均纯收入的5%，除国家规定的税金、定购粮和义务工等外，要求农民无偿提供任何财力、物力和劳务的，均为非法行为，农民有权拒绝。1996年中央出台十三号文件，就减轻农民负担规定了若干个"不准"和"严禁"，有

———————

① 张雨林，等. 小潭公社的"统一经营，包干到户"责任制 [J]. 中国社会科学，1982 (6).

② 吴象. 农业联系产量责任制的三种主要形式 [J]. 中国社会科学，1981 (4).

③ 尹昌斌. 农民负担的实证分析及减负对策 [J]. 经济理论与经济管理，1998 (6).

效地遏制农民负担日益加重的趋势（陈锡文，2008）[①]。针对农民负担过重问题，张红宇等（1998）提出改革农业税、规范各类收费、提高粮食收购价格，增加农民务工收入和精简机构等措施，这些对策措施治标不治本，不能从根本上解决当时农民负担过重问题，在农业税取消之前农民负担依然非常沉重。运用不完全契约理论，研究承包制不完全契约特性与村集体剩余控制权的内在联系，能够更深刻揭示地方政府、村集体和农民之间的农业剩余分配的分配关系，从而能找到彻底解决农民负担过重问题的对策。

（二）从不完全契约理论看农村土地调整的原因

改革开放以来土地调整是中国农地制度的一个重要特征。土地调整严重影响耕地质量保护、农业生产投资、土地流转收益、农地流转市场发育和非农就业等。第一，土地频繁调整降低了农户进行中长期土地投资的激励，不利于农地改良和耕地保护（Li，Rozelle and Brandt，1998；姚洋，1998；俞海等，2003）；第二，土地频繁调整增加农地流转的交易成本，降低了农户的投资预期，限制了土地流转，不利于农业的规模化经营，减少了农户的流转收益，阻碍土地流转市场发育（钱忠好，2002；叶剑平等，2010）；第三，农地调整降低了农地产权稳定性，增加了非农就业农民失去承包土地的风险，提高了非农就业农民的机会成本，阻碍了农村剩余劳动力非农就业（Yang，1997；Zhao，1999；王学龙等，2012）[②]。针对土地被频繁调整影响农业经济健康发展的问题，中央政府早在1984年就提出农村的"土地承包经营权15年不变"；1993年又进一步提出土地承包经营权"30年不变"，提倡承包期内"增人不增地、减人不减地"；1997年中央明确提出不允许进行"大调整"，并限定了"小调整"的条件，并写入1998年修订的《土地管理法》。2002年的《农村土地承包法》以及2007年的《物权法》则明确规定

---

① 陈锡文. 三十年中央农村工作文件制定访谈录. 人民日报，2008－10－08.
② 丰雷，等. 中国农村土地调整制度变迁中的农户态度［J］. 管理世界，2013（7）.

"承包期内，发包方不得调整承包地"，并进一步严格了小调整的条件。2008年10月党的十七届三中全会提出"现有土地承包关系要保持稳定并长久不变"，该政策在2009年和2010年两个中央一号文件中被再次强调，并进一步要求做好"集体土地所有权确权登记颁证工作"[①]（丰雷等，2013）。由此看出，中央政府积极稳定农地承包制的愿望和村集体频繁调整土地的实践产生较大矛盾。

针对土地调整问题，国内外学者进行了大量研究，目前关于农村土地频繁调整有几种比较典型的解释，例如社会保障说（龚启圣、刘守英，1998；赵阳，2007）、干部寻租说（Johnson，1995；钱忠好，2003）和产权虚置说（黄弘等，2005）、交易费用说（龚启圣、周飞舟，1999；张红宇，2002）、市场替代说（Yao，2004；赵阳，2007）等。其中，社会保障说认为，农民热衷于土地调整的原因是集体所有制下土地只能被均分的制度约束和土地所具有的社会保障功能（龚启圣、刘守英，1998）。对于中西部地区的农民而言，特别是在农民靠耕种土地所得收入来维持生活的落后农村，土地调整的边际收益比较大，人多地少的家庭往往倾向于进行土地调整（赵阳，2007）。干部寻租说认为，乡村权势阶层和农村基层政权组织及其代表乡村干部作为相对独立的利益主体，在经济利益的驱动下，具有扩张农业剩余索取权的内在冲动。这些村集体的代表者能利用其所具有的特殊身份和所处的特殊地位，扩大寻租空间，并借维护土地集体所有制之名，频繁进行土地调整，满足其扩张农业剩余索权的需要（钱忠好，1999）[②]；钱忠好教授认为，代表农村集体的村干部获取农业剩余索取权取决于其特殊身份和特殊地位。产权虚置说认为农村土地频繁调整的制度根源在于农村土地所有者——村集体是模糊的（黄弘等，2005）。

虽然社会保障说认为农民为了就业和生存向村干部施加压力或行

---

① 黄弘. 产权到户是遏制土地频繁调整的有效途径 [J]. 农业经济问题，2005（12）.
② 钱忠好. 中国农村土地市场问题 [J]. 中国农村经济，1999（1）.

赂，推动村干部进行土地调整，但实质上是农民意识到承包制是不完全契约，农村土地所有者的代理人——村干部控制着农地的剩余索取权，农民向村干部进行施压或行贿是可行的，能够推动土地调整，因此，从承包制的不完全契约特性，能够更好地阐释社会保障说。同理，干部寻租说也能用不完全契约理论进行解释，二者的区别在于社会保障说是村干部被动行使剩余控制权，而干部寻租说是村干部主动行使剩余控制权。农地产权虚置说与不完全契约理论有相似性，但产权虚置说没有揭示产权虚置与剩余控制权的关系。因此，运用不完全契约理论，从承包制不完全契约特性的角度，我们对社会保障说、干部寻租说和产权虚置说进行完整解释，能够深刻揭示农地调整的原因。

（三）从不完全契约理论看农村土地流转制约因素

国内外学者对土地流转影响因素的研究视角分为三个层面：即微观的市场主体禀赋特征、中观的市场发育和建设以及宏观的政策体系和制度安排（崔惠斌，2015）[①]。

第一，农户禀赋对农村土地流转的影响。农民的学历、技能等个人特征和认知禀赋影响土地流转（刘文华，2008；侯秋雯等，2013）；农户的人口数、劳动力数量、年龄结构等家庭禀赋等因素也影响土地流转（洪名勇等，2012；周春芳，2011）。貌似农民和家庭特征将影响土地流转，实则不然，农户对土地资源的配置是在现有土地制度基础上做出的最优选择，由于农地承包制的不完全契约特性，农户缺乏农地资源配置的剩余控制权，因此，不是农民、家庭特征影响了土地流转，而是农村土地制度影响着土地流转。

第二，土地市场发育影响农地流转。农村土地交易市场对土地流转产生深刻影响（高珊等，2012）。土地流转市场中基础设施和交易费用对农村土地流转的影响。农户作为市场中的弱势群体，支付的交易费用提高，将会减少土地流转市场上的供给，阻碍土地流转交易（Needham

---

[①] 崔惠斌. 我国农村土地流转影响因素的研究综述［J］. 农业经济与管理，2015（1）.

B.，2004)①。农户对交易费用认知程度越高，越不倾向于转出土地
(罗必良等，2012)。农村土地交易不能实现或许并不是因为市场缺乏有
效需求与供给，而是由于政府及中介组织的低效率导致交易费用增大，
进而影响农村土地交易（Lerman，2007)②；政府建设土地流转市场可以
帮助农民解决土地流转中的政策疑问、合同制定、中介服务、手续办
理、法律纠纷等实际困难，起到促进农户土地流转的作用（栗滢超，
2012)。政府投资土地流转市场的基础设施建设，可以降低交易费用，
促进土地流转（诸培新等，2011)。以上研究虽然提出土地流转市场发育
影响土地流转，但还未有学者研究承包制的不完全契约特性、土地流转交
易费用和土地流转市场发育的关系。正是由于农地承包制的不完全契约特
性，造成作为土地流转市场主体之一的农民缺乏有效率的土地产权，增加
了土地流转的交易费用，影响土地流转市场发育，制约了土地流转。

　　第三，农地的社会保障功能是影响农地流转的重要因素。农村土地
承担着农民就业和养老的双重社会保障功能，农村土地的社会保障功能
与农村土地流转存在替代关系（侯石安等，2012)。农村社会保障的缺
失，使农民所承包土地成为现金型社会保障的一种有效替代（姚洋等，
2000)。非农就业农民不愿意彻底放弃农地经营的主要原因在于，长期
从事非农就业农民有失去承包权的风险以及将土地长期流转有难以收回
的风险，这种风险的根源在于承包制下农民没有农地的剩余控制权，造
成我国大部分非农就业农民不得不选择兼业，因此，问题的根源还在于
承包制的不完全契约特性。

　　第四，农村土地产权的模糊性影响土地流转。姚洋（1999）认为土
地调整等因素所导致的地权不稳定减弱了农民进行中长期投资的激励，

---

　　① Needham B．，George de Kam. Understanding how land is exchanged: Co-ordination mecha-
nisms and transaction costs [J]. Urban Studies, 2004 (1): 2061 - 2076.

　　② Lerman Z．，Shagaida N. Land policies and agricultural land markets in Russia [J]. Land Use
policy, 2007, 24 (1): 14 - 23.

阻碍了潜在的土地流转和农地市场发育①；钱忠好（2003）认为地权残缺降低土地承包权交易价格，影响农户土地投资积极性；而地权稳定性地不断提高，农户对地权稳定性预期上升，提高了土地流转效率（田传浩等；2004）；李尚蒲等（2012）土地均分制导致农村土地的细碎化和分散化，一方面增强产权的可分性，有利于改善交易效率；但另一方面造成土地小规模与分离经营，加大农村土地流转难度。土地产权制度改革保障农村土地流转的安全性，有利于土地交易市场的发育和交易秩序的稳定（崔惠斌，2015）。目前学者的研究逻辑是土地产权模糊增加了土地流转交易费用，制约土地流转速度和规模，从承包制的不完全契约特性的角度能够更好地研究土地流转问题。承包制的不完全契约特性造成农地产权模糊，农民缺乏对承包地的剩余控制权，土地流转市场的主要参与者（土地流出者和流入者）缺乏对土地最终的剩余控制权和剩余索取权，土地流出者和流入者在土地流转过程中都承担着风险，从而限制了土地流转速度和流转规模。因此，从承包制的不完全契约特性能更好的解释土地流转问题。

（四）从不完全契约特性看农村征地冲突的原因

为了规范征地程序，防止和解决征地中的利益冲突，改革开放后政府颁布一系列政策法规。1982年5月14日，由国务院公布施行了《国家建设征用土地条例》（以下简称《条例》），《条例》规定的征地对象主要是农村集体所有土地，第一次提出了征地强制性的特点，明确了土地所有权和使用权的分离；1986年6月25日，全国人大常委会第十六次会议通过了《中华人民共和国土地管理法》；1990年5月19日，国务院发布具有重要意义的《中华人民共和国城镇国有土地使用权出让转让暂行条例》，标志着城镇国有土地使用从"三无"到"三有"的重大转变；2004年10月底国务院下发了《国务院关于深化改革严格土地管理的决定》，就征地补偿标准、安置途径、征地程序和征地监管做出了

新的调整。但是农业部提供的数据显示，自 2003 年有关征地、土地流转等问题的信访数量始终占信访总量的一半以上（钱忠好，2007），征地引发的冲突已经严重影响社会稳定。

现有的文献对征地行为失控、土地纠纷上升的原因分析侧重于以下几个方面：第一，征地的"公共利益目的"泛化，以公共利益为旗号达到侵害农民土地权益的目的（钱忠好，曲福田，2004；柴涛修，刘向南等，2008；刘邦凡等，2009；王瑞雪，2014；刘守英，2014）。第二，补偿标准过低以及分配失衡，被征地农民无法获得土地的增值收益（钱忠好，曲福田，2004；刘向南等，2008；谭术魁，2008；靳相木，2008）。第三，征地程序不完善与征地过程不透明（谭术魁，2008；刘守英，2014）。第四，就业安置简单化与社会保障缺位（钱忠好，曲福田，2004；靳相木，2008；谭术魁，2008；吴靖，2010；王瑞雪，2014；刘守英，2014）。第五，政府自由裁量权过大与监督机制缺位（钱忠好，曲福田，2004）。第六，村庄社会治理方面的原因，村组干部或原村内治理结构之中的社区精英群体的利益得不到满足或有损失，村干部一方面和地方政府形成利益的共谋，另一方面又通过各种各样的行动策略重新构建了村庄的结构，造成征地中的冲突（齐晓瑾，蔡澍，2006；谭术魁，2008；温铁军，2009）。第七，农地产权模糊造成征地冲突。有学者从土地产权视角研究了征地纠纷的原因，农村集体土地的所有权主体不明确、产权内容不清晰（赵金龙等，2007），模糊的集体土地所有权造成征地过程中农民、集体、开发商、政府之间模糊的利益边界和过度的博弈空间，各方都想增进自己的利益，因此，表达不满、上访乃至群体性事件就自然成为被征地农民迫使对方让步的重要手段（靳相木，2008）。第八，政府攫取了土地市场的垄断租金，罗必良等（2015）为了保证政府对土地市场的垄断租金，政府实际上默许了相关利益集团对农村土地非农用收益权的盘剥，在众多的利益争夺主体中，农民的享益谈判能力极为有限。根据浙江省一项调查，农村被征土地收益分配格局大致是：地方政府占 20%～30%，企业占 40%～50%，村级组织占 25% ~ 30% ，农民仅占 5% ~ 10% 。租金分享激励着众多利益集团对农地产权模糊化的努力以及对农民土地权益权的侵蚀[1]。

以上学者从不同视角研究了我国征地冲突的原因，钱忠好和曲福田等（2004）将政府自由裁量权过大、罗必良等（2015）将政府攫取了土地垄断租金、赵金龙等（2007）和靳相木等（2008）将土地产权模糊性作为征地冲突的原因，鲜有学者从承包制不完全契约特性的角度分析征地冲突的原因。一方面，政府自由裁量权过大和政府攫取土地垄断租金是征地冲突的直接原因不是根本原因；另一方面，虽然土地模糊性能解释征地冲突原因，但从土地产权模糊的角度不能很好解释为什么政府获得了土地垄断租金。从不完全契约视角看，承包制的不完全契约特性导致我国农村土地产权模糊，在农户、地方政府和村集体的征地博弈中，地方政府和村集体拥有征地产生的剩余控制权和剩余索取权，造成地方政府在农村土地征用过程中自由裁量权过大并攫取了征地的垄断租金。因此，从承包制不完全契约特性可以更好地解释我国农村征地冲突频发现象。

（五）从不完全契约理论看农村土地确权的原因

农村家庭联产承包制使得农地所有权、使用权、收益权和流转权分离，农地产权制度安排调动了农民生产积极性，也为农村剩余劳动力非农就业创造了条件，但是由于农村土地所有者缺位，且法律规定也是含糊的（周其仁，1995；姚洋，1998；宋辉等，2009），造成土地产权模糊性，罗必良（2011）也运用"公共领域"概念分析家庭经营背景下的农地产权模糊及其侵蚀。农村土地产权模糊性导致土地产权的不稳定性（罗必良，2011），造成土地被频繁调整（丰雷，蒋妍和叶剑平等，2013），此外农地制度所内含的"均分"基因和植入的"变更"基因、农村人口变动和政治关联增加了农地调整的概率（李尚蒲和罗必良，2015）。土地调整造成我国土地流转发展较为缓慢，截至 2008 年，有

---

① 罗比良 . 农地产权模糊化：一个概念性框架及其解释［J］. 中国农村观察，2011（12）.

16.5%的农户家庭租入过土地，有 15% 的农户家庭转包或出让过土地（叶剑平等，2010）。土地调整影响农地流转合同的有效性和保障性，进而阻碍农地市场的发育和农地经营权的有效流转（姚洋，2000；洛马尔等，2001；钱忠好，勃兰特等，2002；田传浩等，2013）。土地产权的模糊性和不稳定性不仅不利于农业规模化经营和劳动力非农就业，也不符合要素市场发展的内在要求，需要根据农民土地产权诉求创新农村土地制度（傅晨，2014），保护土地产权人的合法权利（陈锡文，2014），推动土地确权。

　　土地承包经营权确权登记颁证，是当前我国农村进行的重大制度改革，是我国土地管理制度的重要环节，是完善农村基本经营制度的必然要求。土地承包经营权确权登记颁证将着力解决承包地面积、四至、空间、登记簿等模糊问题，全面落实承包地块、面积、合同、权属证书到户，实现农民土地承包经营权清晰（赵阳等，2017）①。

　　目前国内外学者主要从土地产权模糊、土地承包经营权不稳定不利于土地流转和农业规模化经营等方面分析土地确权的原因，很少有学者从承包制不完全契约特性分析农村土地确权制度变迁的原因。从承包制的不完全契约特性看，承包制是一种不完全契约，农民在土地承包契约中缺乏话语权，村集体控制着农地的剩余控制权，但村集体作为土地的发包方存在发包方虚位问题，导致农地产权模糊和承包权不稳定等问题。农地确权颁证可以实现农民土地承包地块、面积、合同、权属证书"四到户"，可以实现从土地所有权与承包经营权的"两权分离"到土地所有权、承包权、经营权"三权分置"的转换，这将对农村农业发展和农民收益增长产生重大影响（赵阳等，2017）。农地确权提高了农民对承包土地的剩余控制权，制约了村集体对土地的调整行为，限制了村集体对土地的剩余控制权。从不完全契约角度看，农地确权保护了农民

---

① 赵阳，李隆伟. 农村土地确权登记颁证有关问题探讨 [J]. 兰州大学学报（社会科学版），2017 (1).

的土地权益，有利于增加农民土地的财产性收入。因此，农地确权在很大程度上解决了承包制的不完全契约问题，使承包制由不完全契约向完备契约迈进了一大步。

五、研究结论

不完全契约理论深化了交易费用问题的研究，将交易费用理论推向一个新的理论高度。不完全契约理论最重要的贡献就是从契约的不完全性角度，解释了究竟什么是交易费用等问题，建立了不完全契约——剩余控制权和索取权的分析框架。现有文献只是从地方政府、村集体或农民某一个利益相关者的角度研究农业剩余分配、土地调整、征地冲突、农村劳动力非农就业和农地确权等问题，本书运用不完全契约——剩余控制权分析框架，能够将地方政府、村集体和农民三者结合起来研究，得出的研究结论就更有说服力，对问题的认识也就更加深刻。

关于农业剩余分配问题，现有研究成果没有揭示 20 世纪 90 年代农民负担过重的根本原因，提出的治理对策也是治标不治本，从不完全契约视角研究农民负担过重问题，研究承包制不完全契约特性与村集体剩余控制权的内在联系，能够更深刻揭示地方政府、村集体和农民之间农业剩余分配的关系，从而能从根本上找到解决农民负担过重问题的对策。关于农村土地调整问题，社会保障说和干部寻租说只是从村干部或农民单个纬度分析土地调整的动因，从不完全契约视角能够将政府、村集体和农民三者结合起来分析，解释了土地调整动机和剩余控制权的关系，从而对社会保障说和干部寻租说进行全新阐释；农地产权虚置说与不完全契约理论有相似性，但产权虚置说没有揭示产权虚置与剩余控制权的关系。因此，运用不完全契约理论能够更深刻揭示农地调整的原因。关于土地流转问题，目前学者的研究逻辑是土地产权模糊增加了土地流转交易费用，制约土地流转速度和规模；不完全契约理论的研究逻辑是，承包制的不完全契约特性造成农地产权模糊，农民缺乏对承包地的剩余控制权，土地流转市场的主要参与者（土地流出者和流入者）缺乏对土地最终的剩余控制权和剩余索取权，土地流出者和流入者在土地流转过程中都承担着风险，从而限制了土地流转速度和流转规模。关于农村劳动力非农就业问题，农户基于现有的土地制度配置家庭土地资源和劳动力资源，由于土地承包制的不完全契约特性，非农就业农户完全将土地流转的风险较大，造成大部分非农就业农户不得不选择兼业，因此，土地承包制的不完全契约特性提高了劳动力非农就业机会成本，制约了其非农就业。农村土地确权制度改革在很大程度上解决了承包制的不完全契约特性，使得农地制度由不完全契约向完备契约迈进了一大步，为解决"三农"问题创造了良好的制度环境。

第四章

土地确权、剩余控制权与
农民土地权益研究

处理好土地和农民的关系是成功实施乡村振兴战略的关键。土地承包制具有不完全契约特征，村集体作为土地所有者的代理人，凭借所有权获得了土地制度变迁的剩余控制权，而农民没有农地的剩余控制权。土地剩余控制权的错配不仅侵害了农民的土地权益，包括：农业生产剩余的分配权、土地流转投资权和土地功能转变的增值收益权等；还限制了作为土地生产投资决策的主要一方（农民）的投资决策，造成农业生产投资不足，制约了农业健康可持续发展。土地确权将土地剩余收益的控制权界定给农民，这必将激励农民增加承包土地的生产投资。

一、土地制度变迁中农民权益保护的新研究视角

处理好农民和土地的关系是解决三农问题，成功实施乡村振兴战略的关键。习近平总书记[①]指出"我国农村改革是从调整农民和土地的关系开启的。新形势下深化农村改革，主线仍然是处理好农民与土地的关

① 陈锡文. 从农村改革四十年看乡村振兴战略的提出，人民网，[2018 - 04 - 18].

系"。习近平①同志 2017 年 10 月 18 日在党的十九大报告中提出，农业农村农民问题是关系国计民生的根本性问题，必须始终把解决好"三农"问题作为全党的工作重中之重，实施乡村振兴战略。农民土地权益是农地制度变迁的内核，重视农民土地权益，充分尊重农民意愿，满足农民的制度需求，在此基础上形成兼顾博弈各方的制度变迁内在机理，才能促成帕累托改进式的制度变迁格局。历史只会选择那些为了农民、服务于农民权益，而非无视农民、伤害和剥夺农民权益的农地制度（许筱和冯开文，2011）。改革开放以来我国农村土地经历了承包制、土地调整、土地流转、土地征用和土地确权等一系列改革，这一系列土地改革过程中是否处理好了农民与土地的关系？在土地制度变迁中农民的权益是得到了保护还是遭到侵害？目前国内外学者运用科斯（1960）产权理论，从剩余索取权的角度研究土地制度变迁与农民土地权益保护的关系。本书将运用 2016 年诺贝尔奖得主哈特的不完全契约理论，研究土地制度变迁过程中政府、村集体和农户间剩余控制权的转移，揭示土地制度变迁过程中剩余控制权的转移影响农民土地权益的机制。

二、承包制下农业生产剩余分配与农民土地权益

1978 年的家庭联产承包责任制改革结束了 1958 年以后实行 20 余年的农业生产低效率的生产队制度，适应了中国农村当时的生产力水平，并带动了农村生产关系发生相应的调整，集体和农户结合的双层经营体制，发挥了集体的力量和社员自主经营的积极性，能有效推动农业生产的发展和多种经营的完善（张雨林等，1998）。但是，承包制是一种生存导向的制度变迁，没有考虑长远的制度安排（陈爱娟等，2004）。自 1984 年以后中国的农业生产逐渐下滑、停滞，特别是近年来农民增收困

---

① 习近平同志代表第十八届中央委员会向大会作的报名摘登. 人民网－人民日报，[2017－10－19].

难（陈爱娟等，2004），到了20世纪80年代末90年代初期，农业生产和农民收入增长甚为缓慢，"三农"问题十分突出（吴江，张艳丽，2008）。

从农业剩余分配的角度看，与人民公社时期的大锅饭、平均分配不同，家庭联产承包责任制实行"交够国家的，留足集体的，剩下是自己的"分配原则，打破了平均分配制度，把"所劳"与"所得"匹配起来，使农民成为独立的经济利益主体，最大限度地调动了劳动者的积极性（吴象，1981）。但是，在农业剩余的分配中，"交够国家的，留足集体的，剩下是自己的"是一个非常模糊的、不完备契约，农业剩余的控制权被土地所有者的代理人村集体所控制，导致农民没有农业生产的剩余控制权。政府、村集体和农民之间的农业剩余分配契约的不完全性，为后来农民负担过重问题埋下了隐患。

当时，我国农民负担主要由三部分构成：农业税、乡统筹与村提留、乱摊派和乱收费（尹昌斌，1998）。据测算，1997年农民缴纳的各种税费大致是1 143亿元，交纳的以资代劳款项是80亿元，再加上按比例估计的"三乱"负担约200亿元，总额大约为1 400亿元，人均在170元以上。农村乱收费名目之多，举不胜举，那些不应该加在农民身上的负担全部加在农民身上（黄景钧，2001）。中央政府的各类关于农村征收税费文件都规定每年农民缴纳的各种税费占农民纯收入的5%，但是，一般地说每年农民实际缴纳的所有税费大约占农民纯收入的10%左右。1992年的一项测算表明：仅农民3项法定负担比例就高达人均收入的35%以上（李茂岚，1996）。这等于说，无论农民收入如何，都必须承担相当于上年收入总额的10%~35%之间的法定财产义务。为治理农村乱收费，减轻农民负担问题，中央出台了一系列文件。1991年，国务院《农民承担费用和劳务管理条例》规定，"三提五统"不得超越农民上一年农民人均纯收入的5%，除国家规定的税金、定购粮和义务工等外，要求农民无偿提供任何财力、物力和劳务的，均为非法行为，农民有权拒绝。1996年中央出台十三号文件，就减轻农民负担规定了若干个"不准"和"严禁"。

针对农民负担过重问题，学者进行了系列探索，张红宇等（1998）提出改革农业税、规范各类收费、提高粮食收购价格，增加农民务工收入和精简机构等措施；黄景钧（2001）从健全法治，推进农村税费改革的角度提出减轻农民负担的对策；蒋和胜（2002）从户籍制度、流转制度、财税制度等方面提出减轻农民负担的对策；周正等（2009）从发展地方经济、深化财政改革、化解村级债务和加大转移支付等角度提出减轻农民负担的对策。但这些对策措施治标不治本，不能从根本上解决当时农民负担过重问题。

承包制下"交够国家的，留足集体的，剩下是自己的"是一种非常模糊的分配原则，农业生产剩余的分配契约是不完全契约。根据科斯的产权理论，只要产权界定清楚，缔约方的交易就是有效率的，拥有所有权的一方拥有剩余索取权。农民税费负担越来越重，是因为村委会或乡政府凭借行政权力攫取农民的剩余，侵害农民的收益权（刘凤芹，2004）。与科斯理论不同，哈特的剩余控制权理论认为，由于合同是不完备的，契约中规定的特定权利并不重要，而合同中没有界定清楚的剩余权利是一种稀缺资源，拥有剩余控制权的一方将获得剩余索取权。承包制下农业剩余的分配规则是典型的不完备契约，作为所有权的代理人村集体拥有农业生产剩余的控制权，因此产生了村集体的乱集资、乱摊派和乱收费等增加农民负担问题的行为。因此，运用不完全契约理论，研究承包制下农业生产剩余分配的不完全契约特性与村集体剩余控制权的内在联系，能够更深刻揭示村集体和农民之间的农业剩余的分配关系，从而能揭示农民负担过重问题产生的根本原因。

三、土地调整动机与农民土地权益

在土地承包合同中农民拥有的是承包经营权，中央政府在各类文件中及其制订的法律中都明确规定了农民的这项权利，第一轮土地承包合约规定，承包地使用权归属农民，承包期限为 10 年；第二轮土地承包合约的承包期限为 30 年，使用权归属不变。但是，在土地承包实践中农民的土地使用权并没有受到保护，全国各地农村普遍存在土地调整行为，产生了集体侵害农民承包经营权的问题，村集体侵犯农民承包经营权的普遍手段有：任意行使村委会或乡政府的行政特权，强行单方改变承包期限，撕毁承包合约；缩小土地承包面积，随意扩大机动田；强制性规定农民种植品种、播种面积、农产品销售数量甚至指定销售部门，并对不执行规定的农民予以重罚，运用政权力量侵犯农民的经营自主权；任意剥夺农民的土地使用权，将农地改作他用。还有一些村庄以家庭承包责任制下的"规模不经济""土地分割零碎""狭小的土地与现代化生产不适应"等为由，以集体名义开始搞"归大堆"、统一经营，个别地方开始试办"合作农场"，实行责任田反租。

土地频繁调整严重影响耕地质量保护、农业生产投资、土地流转收益、农地流转市场发育和非农就业，从而侵害了农民土地承包经营的权益。首先，土地频繁调整降低了农户进行中长期土地投资的激励，不利于农地改良和耕地保护（姚洋，1998；俞海等，2003；陈铁和孟令杰，2007；孙杨，2011）；其次，土地频繁调整增加农地流转的交易成本，降低了农户投资预期，限制了土地流转，不利于农业规模化经营，减少了农户流转收益，阻碍土地流转市场发育（钱忠好，2002；叶剑平等，2010）；最后，农地调整降低了农地产权稳定性，增加了非农就业农民失去承包土地的风险，提高了非农就业农民的机会成本，阻碍了农村剩余劳动力非农就业（王学龙等，2012）。

针对土地被频繁调整影响农业经济健康发展，侵害农民权益的问题，中央政府早在 1984 年就提出农村的"土地承包经营权 15 年不变"；1993 年又进一步提出土地承包经营权"30 年不变"，提倡承包期内"增人不增地、减人不减地"；1997 年中央明确提出不允许进行"大调整"，并限定了"小调整"的条件，并写入 1998 年《中华人民共和国土地管理法》。2002 年《中华人民共和国农村土地承包法》以及 2007 年的

《中华人民共和国物权法》都明确规定"承包期内，发包方不得调整承包地"，并进一步严格规定了小调整的条件。2008 年 10 月中共十七届三中全会提出"现有土地承包关系要保持稳定并长久不变"，该政策在 2009 年和 2010 年两个中央一号文件中被再次强调，并进一步要求做好"集体土地所有权确权登记颁证工作"。2013 年中央一号文件《中共中央、国务院关于加快发展现代农业进一步增强农村发展活力的若干意见》提出，全面开展农村土地确权登记颁证工作。2016 年中共中央办公厅和国务院办公厅联合印发了《关于完善农村土地所有权承包权经营权分置办法的意见》。由此看出，中央政府积极稳定农地承包制的愿望和村集体频繁调整土地的实践产生较大矛盾，要从根本上限制村集体的土地调整行为，保护农民承包经营权益，需要找出农村土地调整问题产生的根源。

针对土地调整产生的原因，国内外学者进行了大量研究，目前关于农村土地频繁调整有几种比较典型的解释。其中，社会保障说认为，农民热衷于土地调整的原因是集体所有制下土地只能被均分的制度约束和土地所具有的社会保障功能（龚启圣等，1998），对于中西部地区的农民而言，特别是在农民靠耕种土地所得收入来维持生活的落后农村，土地调整的边际收益比较大，人多地少的家庭往往有土地调整的要求。干部寻租说认为，乡村权势阶层和农村基层政权组织及其代表乡村干部作为相对独立的利益主体，在经济利益的驱动下，具有扩张农业剩余索取权的内在冲动。这些村集体的代表者能利用其所具有的特殊身份和所处的特殊地位，扩大寻租空间，并借维护土地集体所有制之名，频繁进行土地调整，满足其扩张农业剩余索权的需要（钱忠好，1999）。产权虚置说认为农村土地频繁调整的制度根源在于农村土地所有者——村集体是模糊的（黄弘，2005）。诱致性制度变迁说认为中央政策的渐进性实施方式则是造成各地土地调整差异的重要原因（丰雷等，2013）。合约中机会主义认为，在承包合约中只要双方都遵循个人利益最大化的假设前提，当要素或产品的相对价格变化后，合约双方都有违约的机会主义倾向（刘凤芹，2004）。

从不完全契约理论看，土地承包合同是典型的不完全契约，作为农村土地所有者的代理人（村集体）拥有承包合同中土地调整的剩余控制权，而农民没有农地调整的剩余控制权，这是土地调整过程中农民权益受到侵害的根本原因。土地调整过程中干部寻租可以分为主动寻租和被动寻租，村干部凭借所有权通过主动寻租获得土地的剩余控制权，从而产生村干部主动寻租行为，从不完全契约视角更好的解释了干部寻租说；村干部被动寻租，是因为部分少地农民有生存压力，向村干部寻租，试图推动土地调整，这个过程中村干部属于被动寻租。从表面看社会保障说认为农民为了就业和生存向村干部施加压力或行贿，推动村干部进行土地调整，但实质是农民意识到承包制是不完全契约，农村土地所有者的代理人——村干部控制着农地调整所产生剩余的索取权，农民向村干部进行施压或行贿是可行的，能够推动土地调整，因此，从承包制的不完全契约特性能够更好地阐释社会保障说。产权虚置学说、合约中机会主义行为与不完全契约理论的解释具有一致性，但是这两个学说没有清晰解释承包制的不完全契约特性与土地调整剩余的关系，没有清晰解释土地调整剩余产生的根本原因。

在土地承包制下，农民没有土地承包合同的剩余控制权，农民的土地承包权益就得不到保障，因此，在频繁的土地调整中农民的土地承包经营权益受到侵害。而土地确权不仅清晰界定了村集体和农民的土地确权边界，更重要的是将土地占有、处置和收益的剩余控制权界定给了农民，从根本上保障了农民的承包经营权益。

四、农村土地流转投资与农民土地权益

土地是农民赖以生存的基本生产资料，发展完善农村土地流转市场是现阶段克服土地平均分配弊端，实现土地资源优化配置，保护农民土地权益的根本之道。随着城镇化进程加快和务农收入占农户总收入比重上升，中央政府出台一系列文件支持土地流转。早在1984年中共中央

一号文件就规定，"鼓励土地逐步向种田能手集中"。1986 年中共中央一号文件再一次强调，"随着农民向非农产业转移，鼓励耕地向种田能手集中，发展适度规模的种植专业户"。1993 年 11 月，中共中央、国务院在《关于当前农业和农村经济发展的若干政策措施》中规定，"在坚持土地集体所有和不改变土地用途的前提下，经发包方同意，允许土地的使用权依法有偿转让"。1995 年国务院在批转农业部《关于稳定和完善土地承包关系的意见》中，重申"经发包方同意，允许承包方在承包期内，对承包标的依法转包、转让、互换、入股，其合法权益受法律保护，但严禁擅自将耕地转为非耕地"。2001 年《中共中央关于做好农户承包地使用权流转工作的通知》规定，"土地流转的主体是农户，土地使用权流转必须建立在农户自愿的基础上。在承包期内，农户对承包的土地有自主的使用权、收益权和流转权，有权依法自主决定承包地是否流转和流转的形式"。2002 年《中华人民共和国农村土地承包法》规定，"土地承包经营权流转的主体是承包方，承包方有权依法自主决定土地承包经营权是否流转和流转的方式"。2007 年《中华人民共和国物权法》规定，"土地承包经营权人依照农村土地承包法的规定，有权将土地承包经营权采取转包、互换、转让等方式流转"。2008 年《中共中央、国务院关于切实加强农业基础建设进一步促进农业发展农民增收的若干意见》指出，"按照依法自愿有偿原则，健全土地承包经营权流转市场。农村土地承包合同管理部门要加强土地流转中介服务，完善土地流转合同、登记、备案等制度，在有条件的地方培育发展多种形式适度规模经营的市场环境。坚决防止和纠正强迫农民流转、通过流转改变土地农业用途等问题，依法制止乡、村组织通过'反租倒包'等形式侵犯农户土地承包经营权等行为"。2014 年中共中央办公厅、国务院办公厅印发了《关于引导农村土地经营权有序流转发展农业适度规模经营的意见》明确提出"鼓励承包农户依法采取转包、出租、互换、转让及入股等方式流转承包地。鼓励有条件的地方制定扶持政策，引导农户长期流转承包地并促进其转移就业"（钱忠好等，2016）。

从我国农地流转的实际情况看，1990年全国转包、转让耕地面积占全国耕地总面积的比重只有0.44%（农业部农村合作经济研究课题组，1991）。到1999年农地流转率只有2.53%，2008年达到8.6%（罗必良等，2010），此后，我国的农地流转速度有所加快，到2014年6月，土地流转比率已达到28.8%（人民日报，2014年12月12日），截至2016年6月底，全国承包耕地流转面积达到4.6亿亩，超过承包耕地总面积的1/3，在一些东部沿海地区，流转比例已经超过1/2，全国经营耕地面积在50亩以上的规模经营农户超过350万户，经营耕地面积超过3.5亿多亩（农业部，2016）。

土地流转盘活了农民承包的土地资源，保障了农民的土地权益。但是，农村土地流转存在诸多问题。第一，土地流转周期过短，农地流转的期限多在5年以下（黄延信等，2011），这与我国长久不变的农地承包期限相比，存在明显的差距；土地流转周期过短影响规模经营农户的长期稳定投资，如果土地不需要依靠长期投资保持土壤肥力，那么它们在农户间的单纯转移有可能存在效率损失，这就暗示着农地流转可能在保持土壤肥力方面产生效率损失；俞海等（2003）发现，与没有土地流转的样本相比，在控制其他因素的条件下，有土地流转的样本的土壤有机质含量平均下降1.94克/公斤。这表明，农户之间非正式的农地流转可能不利于激励农户在现期增加对流转农地的长期投资，从而最终造成土壤长期肥力的损耗（郜亮亮等，2011）。第二，土地流转过程中的非正规化现象严重，大多数转出户将土地流转给亲戚朋友代耕，而没有签订土地流转合同，如叶剑平等（2008）对17个省份的抽样调查发现，82.6%的土地转出和81.8%的土地转入未签订书面合同。钱忠好和冀县卿（2016）对江苏、广西、湖北、黑龙江4省区的抽样调查报告了较高的合同签订率，但仍有接近一半的转出户和转入户在2013年流转土地未签订土地流转合同。第三，农地流转中也出现了一些矛盾冲突，与其他利益主体相比，农民处于相对弱势的地位，加上当前农民地权的不稳定性，从而容易在矛盾冲突中利益受损（雅各比等，2002）。

为更好地推动土地流转，保障农民承包土地的权益。国内外学者对土地流转影响因素进行深入研究，总体上可以把影响土地流转的因素划分为：微观的市场主体禀赋特征、宏观的市场发育和建设、政策体系和制度安排（崔惠斌等，2015）。

农民的学历、技能等个人特征和认知禀赋影响土地流转（刘文华，2008；侯秋雯等，2013）；农户的人口数、劳动力数量、年龄结构等家庭禀赋等因素也影响土地流转（洪名勇等，2012；周春芳，2012）。貌似农民和家庭特征将影响土地流转，实则不然，农户对土地资源的配置是在现有土地承包制度基础上做出的最优选择，农户的土地转入、转出会随着农地制度、市场环境的变化而进行调整。因此，不是农民、家庭特征影响了土地流转，而是农村土地承包制度影响着土地流转。

农村土地交易市场对土地流转产生深刻影响（高珊等，2012）。土地流转市场中交易费用和政府建设与投资影响农村土地流转。农户作为市场中的弱势群体，如果土地流转支付的交易费用提高，将会减少土地供给，阻碍土地流转交易（Needham B.，2004）。农户对交易费用认知程度越高，越不倾向于转出土地（罗必良等，2012）。农村土地交易不能实现或许并不是因为市场缺乏有效需求与供给，而是由于政府及中介组织的低效率导致交易费用增大，进而影响农村土地交易（Lerman，2007）。政府建设土地流转市场可以帮助农民解决土地流转中的政策疑问、合同制定、中介服务、手续办理、法律纠纷等实际困难，起到促进农户土地流转的作用（栗滢超，2012）。政府投资土地流转市场的基础设施建设，可以降低交易费用，促进土地流转（诸培新等，2011）。

农地的社会保障功能是影响农地流转的重要因素。农村社会保障的缺失，使农民所承包土地成为现金型社会保障的一种有效替代（姚洋，2000）。农村土地的社会保障功能与农村土地流转存在替代关系（侯石安，2012）。非农就业农民不愿意彻底放弃农地经营的主要原因在于，长期从事非农就业农民有失去承包权的风险以及将土地长期流转有难以收回的风险，大部分学者将这种风险的根源归结于土地产权模糊。

农村土地产权的模糊性影响土地流转。姚洋（1999）认为土地调整等因素所导致的地权不稳定减弱了农民进行中长期投资的激励，阻碍了潜在的土地流转；钱忠好（2003）认为地权残缺降低土地承包权交易价格，影响农户土地投资积极性；而地权稳定性的不断提高，农户对地权稳定性预期上升，提高了土地流转效率（田传浩等，2004）；李尚蒲等（2012）土地均分制导致农村土地的细碎化和分散化，造成土地小规模与分离经营，加大农村土地流转难度。土地产权制度改革保障农村土地流转的安全性（崔惠斌，2015）。

综上所述，土地流转市场发育不健全、农地的社会保障功能和土地产权模糊是影响土地流转的重要因素，但不是根本性因素。目前大多数学者的研究逻辑是土地产权模糊增加了土地流转交易费用，制约土地流转速度和规模，导致土地流转市场不健全；土地产权模糊导致土地转出户面临土地流失风险，这与土地的社会保障功能相冲突，从而制约了土地流转。在农村土地所有权、承包经营权分置的情况下，农地产权模糊具有客观必然性，但这不是影响土地流转的根本因素。

土地流转是农户的土地投资行为，如果限制土地流转或土地流转周期较短会严重损害农户的土地投资收益。从不完全契约理论看，在农村土地所有权、承包经营权分置的情况下，农民是否拥有承包土地的剩余控制权是决定农户土地流转投资的关键，因为根据哈特的产权理论，所有权等价于剩余控制权，剩余控制权的变化既有成本也有收益，资产剩余控制权从乙方转到甲方，增加了甲方以其认为合适的方式使用资产的行动自由，从而增加了甲方在事后利润分配中的份额，也增加了甲方针对相互关系所进行的投资（Grossman and Hart，1986）。因此，土地流转受到制约、农户土地流转投资积极性不足根本原因在于所有权、承包经营权分置情况下农户缺乏农地的剩余控制权。确权清晰界定了村集体、农户的土地权利边界，保护了农户在土地流转市场上的自由选择权和自由签约权，最重要的是将土地流转投资收益控制权交给了土地流转投资相对重要的一方（农户）。因此，运用不完全契约理论能更为深刻的解释农村土地制度变迁与农民土地权益的关系。

五、征地收益的分配机制与农民土地权益

　　土地是农民最主要的生产和生存资料，兼有社会保障、劳动力就业、收入的多重功能，我国现行的征地补偿标准不能够弥补失地农民合理的生活支出（柴国俊、陈艳，2017），党的十八大报告明确指出，"改革征地制度，提高农民在土地增值收益中的分配比例。"因此，在土地征用过程中要妥善处理征地和失地农民补偿的关系，以保障农民的土地权益。

　　改革开放以来，为了协调好经济发展对土地需求和保护农民土地权益，政府颁布了一系列土地管理法规。1982 年，我国颁布了《国家建设征用土地条例》，以保证建设用地及妥善处置被征地单位的生产生活，并在条例中首次规定了征地补偿标准不能超过十倍。规定的征地对象主要是农村集体所有土地，第一次提出了征地强制性的特点。1982 年《宪法》第十条规定城市土地属国家所有。在 1986 年颁布的《民法通则》中，确定了集体土地系农民集体财产，但其所有权不能体现在经济上。国有土地有偿使用制度在 1987 年全面启动，实现了国有土地所有权与使用权分离，但是集体建设用地的产权及市场建设问题没有取得实质性进展。2004 年颁布的《土地管理法》和《宪法》（修正案）则分别从征用及征收概念对土地补偿内容进行了完善。该时期加强了对土地征收的强制性，有效推动了社会经济发展，但与此同时也带来了一些社会矛盾（杨继瑞等，2013）。

　　征地过程中农民权益得不到保障，产生严重的社会冲突。农业部提供的数据显示，自 2003 年有关征地、土地流转等问题的信访数量始终占信访总量的一半以上（钱忠好，2007），征地引发的冲突已经严重影响社会稳定。根据农业部农业政策研究中心研究员廖洪乐 2008 年的一项研究，以全国土地出让为例，1995 年全国每公顷土地出让金纯收益为 66.1 万元，其中政府获得 47.2 万元，集体和农民获得 18.9 万元，政府

与集体和农民的土地增值收益分配比例为2.5∶1。到了2005年，这个比例扩大到9.7∶1。在土地增值部分中，"农民的补偿款占5%～10%；地方政府拿走土地增值的20%～30%，开发商拿走了土地增值收益的大头，占40%～50%。违法征地和土地利益分配的严重不均衡使农民权益受到严重侵害，成为征地冲突的直接诱因"（祝天智，2013）。

综上，征地公共目的泛化、补偿标准过低、征地程序不规范、政府自由裁量权过大、土地产权模糊、政府攫取了土地垄断租金等，这些只是造成征地过程中农民利益被侵害的表面原因，这些解释并没有揭示征地侵害农民土地权益的根本原因。

从不完全契约视角看，政府征地侵害农民利益的根本原因在于承包制的不完全契约特性。土地征收是农业用地转化为工业用地的一种投资行为，村集体和地方政府作为土地所有者的代理人凭借土地剩余控制权而获得了征地的绝大部分收益，根据罗必良（2011）的研究村集体和地方政府获得了征地收益的60%以上，远远高于开发商和农民所占的比重。由此可以看出，在农民、地方政府和村集体的征地博弈中，地方政府和村集体凭借土地所有权而拥有征地产生剩余的控制权，造成地方政府在农村土地征用过程中自由裁量权过大并攫取了征地的垄断租金（征地产生的剩余），部分地方政府官员为了发展政绩或征地的垄断租金甚至与开发商合谋，扩大征地范围或增加征地面积，侵害农民利益，激发征地冲突。因此，运用不完全契约理论不仅可以揭示征地侵害农民利益的根本原因，还可以更好的解释我国农村征地过程中农民权益得不到保障的机理。

六、农民土地权益与农村劳动力非农就业

改革开放以来，随着我国工业化和城镇化的快速发展农村劳动力大量向城镇转移就业，但是在土地制度和户籍制度的约束下非农就业劳动力面临着务农和非农就业的两难选择，放弃农地生产所带来收益称为非农就业农民的主要机会成本，这也造成我国农村劳动力转移不充分、农

村兼业家庭居多的主要原因。

国内外学者对农村劳动力非农劳动供给的原因进行了大量研究。刘易斯（Lewis，1954）为代表的新古典劳动力流动理论，家庭风险分担理论、人力资本流动理论和累计效应理论为代表的新经济学劳动力流动理论解释了劳动力流动的原因。梳理总结已有研究文献，影响我国农村劳动力非农就业的因素可以分为内因和外因。城乡收入差距、户籍制度、城乡二元福利制度、土地制度和劳动力市场等是影响我国农村劳动力转移就业的外因。第一，城乡收入差距刺激农村劳动力非农就业（Lewis，1954；Zhao，1999；Zhang & Song，2003；常进雄等，2014）；第二，户籍制度阻碍了劳动力流动（赵耀辉等，1997；陆铭等，2015）；第三，城乡二元福利制度阻碍农村劳动力流动（陆铭，陈钊，2004）；第四，土地制度影响农村劳动力转移就业（Tao Yang，1997；Lohmar，1999；Shi，2004；Mullan，Grosjean & Kontoleon，2011；Cheung，Chi Pui，2012）；第五，健全劳动力市场能有利于兼业农户举家迁移（檀学文，2014）；第六，粮食补贴政策对兼业农户非农就业有负影响（吴连翠等，2014）。目前收入差距、户籍制度、二元福利制度、粮食补贴政策等影响劳动力非农就业的研究较为成熟，而农地制度影响劳动力转移就业机制还有待深入研究。机会成本、人力资本、家庭特征、非农就业预期和社会关系网络等是影响我国劳动力非农就业的内因。迁移机会成本大小（Bauer & Zimmermann，2000；谢冬水，2014），人力资本（Zhao & Hare 1999），家庭承包土地数量、劳动力数量等特征（Stark，1978；Zhao，1999），社会关系网络、性别、年龄和婚姻状况等个体特征因素影响农村劳动力非农就业（赵耀辉，1997；Zhao & Hare，1999；Dragos Radu，2008；张广胜等，2015）。

农村土地制度是影响劳动力非农就业的重要因素（Dixon，1950），虽然陈会广等（2012）、黄忠华和米歇尔·瓦尔瑟奇（Michele Valsecchi，2014）认为土地流转、农地的社会保障功能和规避风险功能促进了农村劳动力非农就业。但绝大多数文献认为现行土地制度阻碍劳动力非农就业，第一，土地的社会保障功能越来越大于生产资料功能（陈会广等，2012），非农就业农民不愿彻底放弃农地经营（罗明忠、卢颖霞和卢泽旋等，2012），造成农民工大部分属于兼业农民，同时土地失业和养老保险功能也导致非农就业农民仍被系在土地上（郑风田和李铁等，2014）；第二，土地和户籍制度的耦合关系影响劳动力转移就业（樊纲等，课题组，2014）；第三，土地制度缺陷影响劳动力转移就业，土地产权模糊造成土地流转困难、土地价值低估和补偿标准过低，阻碍农村劳动力彻底向外转移（Maelys Dela Ruuelle et al.，2008；Katrina Mullan et al.，2010；黄锟，2011；John Giles et al.，2012），另一方面，不完全的农地转让权增加了迁移机会成本（王天龙等，2012；谢冬水，2014）。现有文献研究了农村土地功能变化、土地制度与户籍制度耦合关系以及土地制度缺陷与农村劳动力转移就业的关系，研究了兼业农户与土地流转的关系（钟涨宝等，2016）。

从土地制度角度研究影响我国农村劳动力非农就业原因的文献，都将土地产权的模糊性和安全性作为影响劳动力非农就业的原因，鲜有学者从不完全契约角度研究农地制度对农村劳动力非农就业的影响。农户基于现有的土地制度配置家庭土地资源和劳动力资源，由于土地承包制的不完全契约特性，非农就业农户完全将土地流转的风险较大，部分农户不得不选择撂荒或者无偿借给亲友耕种，不利于保障其转移土地的经营权收益。因此，土地承包制的不完全契约特性不仅损害了其土地流转投资收益，还提高了劳动力非农就业机会成本，制约了劳动力非农就业。

七、土地确权与农民土地权益

土地确权是指土地所有权、土地使用权和他项权利的确认、确定，简称确权，也是依照法律、政策的规定确定某一范围内的土地的所有权、使用权的隶属关系和他项权利的内容。2010 年中央一号文件指出，加快农村集体土地、宅基地、集体建设用地使用权等确权登记颁证工作；2013 年中央一号文件指出，用 5 年时间基本完成农村土地确权登记颁证工作。加快包括农村宅基地在内的农村集体土地所有权和建设用地使用权地籍调查，尽快完成确权工作。2016 年中央一号文件提出，到 2020 年基本完成土地等农村集体资源性资产确权登记颁证、继续扩大农村承包地确权登记颁证整省推进试点。加快推进房地一体的农村集体建设用地和宅基地使用权确权登记颁证。2017 年 8 月中共中央办公厅、国务院办公厅印发了《关于完善农村土地所有权承包权经营权分置办法的意见》，强调落实农村土地集体所有权、稳定农户承包权、放活土地经营权。这份关于"三权分置"的重要文件，无疑将成为我国农村土地制度改革的又一座重要的"里程碑"。2017 年 10 月，《农村土地承包法修正案（草案）》吸纳"三权"分置，规定以家庭承包方式取得的土地承包经营权在流转中分为土地承包权和土地经营权；稳定农村土地承包关系长久不变，规定耕地承包期届满后再延长三十年。从国家政策看，我国土地确权经历了选择性试点、全面推开和确权改革的深化，使确权改革不断发展完善。

国内外学者对土地确权的原因进行了研究。确权之前农村土地所有者缺位，且法律规定也是含糊的，造成土地产权模糊性（周其仁，1995；姚洋，1998；宋辉等，2009）。罗必良（2011）运用"公共领域"概念分析家庭经营背景下的农地产权模糊及其侵蚀，农村土地产权模糊性导致土地产权不稳定性，造成土地被频繁调整（丰雷等，2013），此外土地承包制度所内含的"均分"基因和植入的"变更"基因、农村人口变动和政治关联增加了农地调整的概率（李尚蒲等，2015）。土地调整造成我国土地流转发展较为缓慢，影响农地流转合同的有效性和保障性，进而阻碍农地市场的发育和农地经营权的有效流转（姚洋，2000；田传浩等，2013）。土地产权的模糊性和不稳定性不仅不利于农业规模化经营和劳动力非农就业，也不符合要素市场发展的内在要求，需要根据农民土地产权诉求创新农村土地承包制度（傅晨，2014），保护土地产权人的合法权利，推动土地确权（陈锡文，2014）。

　　土地承包经营权确权登记颁证，是当前我国农村进行的重大制度改革，是我国土地管理制度的重要环节，是完善农村基本经营制度的必然要求。土地承包经营权确权登记颁证将着力解决承包地面积、四至、空间、登记簿等模糊问题，全面落实承包地块、面积、合同、权属证书到户，实现农民土地承包经营权清晰（赵阳等，2017）。土地确权显著影响农业、农村经济发展，程令国等（2016）从交易成本角度出发，认为农地确权使得土地产权强度增强，降低了交易成本降低，促进了土地流转；刘玥汐等（2016）从农民分化视角研究得出农地确权对于促进农村土地流转具有正向显著影响，农地确权政策对土地流转起到了积极促进作用；同时许庆等（2017）和丁玲等（2017）认为农村承包土地确权登记颁证使得农地转出概率提高，显著促进农地转出，而对农地转入影响不显著。农地确权颁证主要通过提高地权安全性、地权可交易性以及信贷可得性三种方式，促进了农户农业投资。农地确权颁证对农地经营规模扩大、农业劳动力数量、农业生产时间以及农业经营投入都具有显著的正向作用（林文声等，2017）。

　　目前国内外学者主要运用科斯的产权理论研究土地确权的原因及经济影响。确权之前土地产权模糊、承包经营权不稳定导致频繁土地调整，抑制土地流转市场健康发展，造成征地过程中农民权益受到侵害；农地确权清晰界定了政府、村集体和农民的土地权利边界，实现农民土地承包地块、面积、合同、权属证书"四到户"，可以实现从土地所有权与承包经营权的"两权分离"到土地所有权、承包权、经营权"三权分置"的转换，这将对农村农业发展和农民收益增长产生重大影响（赵阳等，2017）。

　　但是，目前还未有学者从不完全契约视角研究土地确权的原因及对农民土地权益的保障。根据哈特的不完全契约理论，农地确权界定清楚的权利并不重要，重要的是确权没有说清楚的剩余控制权被那一方支配，如果确权后农民拥有了农地剩余控制权，则确权改革将是对农民土地权益的极大保护。虽然土地确权界定了村集体、农民的土地权利边界，但在所有权、承包经营权分置情况下，农民的土地权益仍面临很大不确定性，2017 年中央制定《农村土地承包法修正案（草案）》试图解决确权后农民土地权益的不确定性问题。此外基于确权基础上的三权分置改革，将所有权、承包权和经营权分置，"三权分置"并行在很大程度上将土地承包农民作为农村集体土地所有权的代理人。因此，从不完全契约理论看，确权保护了农民的土地权益。

八、研 究 结 论

土地是农民赖以生存的最基本资源，农民生产、生活和社会保障都依赖于土地。处理好农民和土地的关系是解决我国"三农"问题，成功实施乡村振兴战略的关键。本书梳理了改革开放以来家庭联产承包制、土地调整、土地流转、土地征用和土地确权等一系列改革，从不完全契约视角研究了我国土地制度变迁与农民土地权益的关系。研究结论如下：第一，土地承包制具有不完全契约特征，村集体作为土地所有者的代理人，凭借所有权获得了土地制度变迁的剩余控制权，而农民没有农地的剩余控制权。土地剩余控制权的错配不仅侵害了农民的土地权益，还抑制了土地投资，制约农业可持续发展；第二，在家庭联产承包责任制下，村集体作为农村土地所有权的代理人，控制着农业生产剩余，造成农村"乱集资、乱摊派"等加重农民负担的问题；第三，村集体控制农村土地调整的剩余，造成农民承包土地被频繁调整，侵害农民的土地承包经营权益；第四，承包制的不完全契约特性，限制了作为土地生产投资决策的主要一方（农民）的投资决策，造成农业生产投资不足，侵害了农民土地流转投资权益和土地功能转变的增值收益权；第五，农地确权和"三权分置"改革使得农民拥有了农地剩余控制权，确保了农民的土地权益，但会抑制村集体的土地投资积极性。因此，本书的政策建议是，确权后政府应大加大农业生产公共投资，以促进农业健康可持续发展，实现乡村振兴战略。

第五章

土地确权影响农村劳动力
非农就业的成本—收益分析

从理性经济人假设出发，农村劳动力非农就业首先考虑的因素就是净收益大小，如果农村劳动力非农就业的收益远远大于其非农就业成本，则农村劳动力就选择非农就业。因此，本章首先从内外因角度分析影响农村劳动力非农就业的因素，基于成本—收益分析模型，对影响农村劳动力非农就业的因素划分为成本因素和收益因素。分析农村土地确权对农村劳动力非农就业机会成本的影响，将土地确权前后农村劳动力非农就业的机会成本变量引入成本—收益分析模型，在哈里斯—托达罗模型的基础上构建影响农村劳动力非农就业的动态决策模型。

一、影响农村劳动力非农就业的因素

农村劳动力非农就业是内外部因素共同作用的结果，非农就业劳动者的受教育水平、年龄、性别、家庭特征等因素是影响劳动力非农就业的个体因素。非农就业机会成本、城乡收入差距、就业机会、就业环境、土地制度和社会保障等因素是影响农村劳动力非农就业的外部因素。

(一) 影响劳动力非农就业的内因

受教育水平、年龄、性别、家庭特征等个体特征因素是影响农村劳动力非农就业的内部因素。

个体特征一直是农村劳动力非农就业选择的影响因素，主要包括：年龄、性别、受教育成本、技能和身体健康状况等。性别是影响农村劳动力跨省就业的重要因素，男性作为家庭经济支柱，比女性更倾向于跨省流动（戚晶晶，2013）。郭力等（2011）分析了中部地区农村劳动力流动发现，受教育水平和婚姻状况对农村劳动力迁移有较大影响，已婚农村劳动力更倾向于跨省流动就业，低学历的农村劳动力跨省流动就业更多。刘家强等（2011）研究发现年龄是影响农村劳动力就地转移就业的重要因素，年龄每增加 10%，农村劳动力跨省就业概率降降低3.67%。秦立建等（2013）等用名瑟工资方程研究发现，身体健康状况是影响劳动力非农就业概率的重要因素。家庭成员结构、家庭劳动力占比、家庭耕地面积等特征也是影响农村劳动力非农就业的重要因素。年轻劳动力较多的家庭，其家庭成员从事非农就业比重较高，但是家庭子女数量并不影响劳动力非农就业地点的选择（朱欣乐等，2013）。杨慧敏（2014）以河南农民工为研究对象，研究发现劳动力数量和结构对非农就业劳动力就业地点选择有重要影响，家庭劳动力占比越高，非农就业劳动力家庭事务负担就越少，能在较大空间范围内务工。胡枫（2008）利用微观数据对农村劳动力跨省流动的行为进行研究，发现家庭非农就业劳动力比重越高，其跨省流动的概率就越大，非农就业劳动力可以供给就业信息，减少非农就业的成本。黄宁阳（2010）研究发现家庭耕地面积 2 亩以上对跨省迁移就业有显负影响，家庭耕地面积越多，非农就业劳动力倾向就近就业。

(二) 影响农村劳动力非农就业的外因

影响农村劳动力非农就业的主要外部因素如下：

第一，地区间或城乡收入差距。改革开放以来，中国经济出现高速增长的同时，也出现了东南沿海与其他地区之间经济发展的不平衡和不协调，城乡经济发展差距进一步扩大。与地区间、城乡间经济发展差距相伴随的是，地区间、城乡间收入差距也进一步扩大，这种收入差距成为地区间、城乡间劳动力迁移的主要原因。

第二，非货币化收益也是影响劳动力非农就业的主要因素。第一代农民工外出就业主要考虑收入差距，而与第一代农民工不同，第二代农民工非农就业诉求不仅仅限于货币化收入的提高，而且开始重视非货币化的因素，比如流入地的就业机会、将来晋升的机会、思想观念的更新、精神收益、人际关系、甚至包括将来长期定居、子女的受教育条件等。然而目前学者对影响劳动力非农就业的非货币化因素的研究并不充分。

第三，农村劳动力非农就业的直接成本。非农就业成本包括显性的成本和隐性成本。显性成本主要包括：就业地维持生活的基本生活费用、医疗额外支出费用、往返家乡的交通、通信费用等；隐性成本主要是农村劳动力从事非农就业后，放弃务农的收益。对于农村家庭来说，农村劳动力面临非农就业和务农两大选择，如果从事纯非农就业，其不得不放弃务农所带来的收益，从事农业耕种的收益就是农村劳动力非农就业的机会成本；在二元户籍制度和土地制度安排下农村劳动力非农就业不稳定，很少农民愿意完全放弃耕地从事纯非农就业，绝大多数农民选择兼业。

第四，中国劳动力市场由分割到整合释放了农村劳动力的发展潜力。改革开放之前，由于城乡二元的户籍制度决定了城乡二元的就业市场，城乡劳动力的流动几乎为零。改革开放后，城乡二元分割的劳动力市场逐步被打破，大量农民工到城市就业。根据刘易斯的"二元经济"理论，2008年之前我国劳动力表现为无限供给阶段，此时劳动力过剩，工资取决于维持生活所需的生活资料的价值；随着我国人口红利逐步消失，我国劳动力供给进入短缺阶段，此时传统农业部门中的剩余劳动力被现代工业部门基本吸收完毕，工资取决于劳动的边际生产力。由刘易斯第一阶段转变到第二阶段，劳动力由剩余变为短缺，相应的劳动力供给曲线开始向上倾斜，劳动力工资水平开始不断提高。

二、农村劳动力非农就业的成本—收益分析

成本效益分析（Cost Benefit Analysis，CBA）就是通过比较项目的全部成本和效益来评估项目价值的一种方法。成本收益分析最初运用于项目可行性的研究，成本—效益分析作为一种经济决策方法，将成本费用分析法运用于政府部门的计划决策之中，以寻求在投资决策上如何以最小的成本获得最大的效益。这种方法最常用于评估需要量化社会效益的公共事业项目的价值。

19世纪法国经济学家朱乐斯·帕特的著作中首次提出成本—效益分析方法的概念，被定义为"社会的改良"。其后，这一概念被意大利经济学家帕累托继承并重新界定。1940年，尼古拉斯·卡尔德和约翰·希克斯吸收借鉴前人的相关理论和研究成果，最终形成了"成本—效益"分析的理论基础，也被称为"卡尔德—希克斯准则"。随后"成本—效益"分析开始渗透到政府的经济社会管理活动中，在1939年美国的《洪水控制法案》和田纳西州泰里克大坝的预算中就运用了成本—收益分析评价方法。随着经济的发展，政府投资活动的增多，管理者日益重视投资成本和收益，这就需要找到一种能够比较成本与效益关系的分析方法。在此背景下，成本—效益在实践方面都得到了迅速发展。成本—收益分析方法不仅可以运用投资项目的分析，很多学者也尝试将该方法运用于劳动力迁移问题的研究，测算劳动力迁移的成本和收益，据此推测劳动力迁移的可行性。

在我国改革开放进程中农村剩余劳动力逐步向城市迁移，尤其是我国加入世贸组织之后，农村劳动力转移进入加速阶段。农村劳动力由农村向城市，由生产率低的农业部分向城市非农部门转移就业，构成了我国经济社会发展的重要特征。

与项目投资收益—成本分析不同，劳动力迁移投资决策既包括个体

的收益、效用最大化，也包括家庭收益、效用最大化。

斯亚斯蒂（Sjjaastad，1962）和舒尔茨（Schultz，1962）最早对劳动力迁移进行过成本—收益决策分析。舒尔茨认为在劳动力迁移过程中，教育、保健以及为工作机会都是劳动力的人力资本投资，迁移的目的都是为了获得更高的收益回报，而劳动者是否决定进行迁移取决于迁移过程中成本于收益的权衡。迁移的收益主要是劳动力迁移可以带来更高的收入；迁移的成本是指为迁移而花费的直接和间接成本，包括现金成本、非现金成本。其中现金成本包括流动费用、流入新城市无法及时就业而导致的收入的减少；流动成本包括交通成本、搬迁成本、住宿成本、通信成本、工作搜寻成本等，这部分成本相对容易量化。非货币成本主要包括心理压力成本、学习成本等，这部分成本很难量化。

（一）我国农村劳动力非农就业的收益

农村劳动力迁移从个人层面看不仅仅提高了个人收入、提升了个人职业技能；还能有助于优化家庭收入结构，降低家庭经济风险；劳动力非农就业还解决了农村劳动力过剩问题，实现劳动力资源优化配置，为工业发展提供人口红利，有助于推动经济增长，因此农村劳动力迁移的收益我们分为个体收益、家庭收益和社会收益三方面。

1. 农村劳动力非农就业的个体收益

卡尼（Carney，1998）提出人们生活中主要关注五类财富[1]，自然财富、社会财富、人力财富、物质财富和金融财富，劳动力流动迁移正是出于人们维持和提升上述五种财富的根本动机。农村劳动力迁移最主要的能提升非农就业个体劳动者的收入水平，同时还借助羊群效应提升非农就业劳动者的技能水平，帮助非农就业劳动者扩展社会关系网络，提升其社会资本水平。因此，农村劳动力迁移的个体收益可以简单划分为可量化的工资收入和不可良好的社会资本收益、人力资本收益等。

---

① 赵峰，星晓川，李惠璇. 城乡劳动力流动研究综述：理论与中国实证［J］. 中国人口·资源与环境，2015（4）.

2. 农村劳动力非农就业的家庭收益

斯塔克（Stark，1978）最初提出，劳动者进行迁移决策时，不仅仅会为个人考虑而且会考虑整个家庭因素。新劳动力流动经济学将劳动力流动看作家庭风险分担行为，家庭作为一个整体，可以将家庭劳动力配置在不同产业或地区，在所有家庭成员之间进行风险分散，从而使整个家庭收入的风险水平最小化。在我国农村劳动力迁移过程中形成了大量的兼业家庭，兼业家庭的形成既是户籍制度等客观因素决定的结果，也是劳动者在现有制度下对家庭收益最大化的自主选择的结果。因此，劳动力非农就业不仅能优化家庭收入结构，降低家庭收入风险，还能对其他家庭成员非农就业具有较强的示范效应并能提供有效的非农就业机会，降低其他家庭成员非农就业的风险。

3. 农村劳动力非农就业的社会收益

农村劳动力非农就业不仅仅有助于增加农民收入，还能有效缩小城乡收入差距（孙文凯、路江涌等，2007）；劳动力流动产生的资源重新配置提高了总体的劳动生产率，带动了生产要素市场的发育，促进了非国有经济的发展（蔡昉和都阳，2001）。城乡经济发展相互依存，虽然农村劳动力流入城市，促进了城市劳动密集型企业的发展，发挥了我国劳动力资源丰富的比较优势。与此同时，劳动力流动减少农村剩余劳动力，提高了农业劳动生产率；农村劳动力大量向城市转移，优化了人均耕地面积，有助于种植大户或专业农户扩大土地规模经营，实现农业生产的规模经营效应，提高了农民收入，拓宽解决"三农"问题的途径。

（二）我国农村劳动力非农就业的成本

1. 农村劳动力非农就业的个体成本

在劳动力迁移成本方面，谌新民（1999）认为，劳动力迁移的概念应该界定为个人寻求利益和效用最大化以及成本最小化的过程。劳动力迁移的成本主要包括：第一，就业成本，包括就业机会搜寻、各类手续费用以及需要的时间。第二，生存成本，即与原地区相比当劳动者迁移到另一个地区为生存所需支出，如住宿、通信等额外费用。此外，还有心理成本、交通成本等。钱雪飞（2006）则通过对农村劳动力的问卷调查得出结论，农村劳动力的迁移成本主要包括培训成本、求职成本、证件成本和投资成本。

2. 农村劳动力非农就业的家庭成本

由于我国户籍制度的限制，农村劳动力到城市打工，绝大多数是劳动力单独迁移，其家属被迫留在老家，这就造成了留守老人、留守妇女和留守儿童等问题。这种成本从迁移者角度看是非农就业劳动力的心理成本，从家庭角度看，这是有非农就业劳动者家庭所共同负担的家庭成本。从社会学角度或福利经济学角度看，家庭成本应该是劳动力非农就业过程中最大的成本，但是如果我们把这种成本看作非农就业劳动者的心理成本的话，就明显低估了劳动力迁移中的这个成本。但从这个视角的研究超出了本书的研究范畴。

3. 农村劳动力非农就业的社会成本

农村劳动力向城市单向流动，导致农村人才大量流失，老人、妇女和儿童成为农业生产的主要劳动力，这不仅严重制约农业生产，还影响农村社会建设；同时留守老人、留守妇女和留守儿童还造成农村老龄化问题严重、留守儿童健康成长等一系列社会问题，这是劳动力迁移中造成的严重的社会问题，也是农村劳动力单向向城市迁移所产生的不可弥补的高昂的社会成本。

（三）土地确权影响劳动力非农就业的机会成本

1. 土地确权对农户的经济影响

土地确权是继家庭联产承包责任制以来中国土地制度又一次深刻历史变迁。将深刻影响农民的物权保障，强化农民经营主体地位，维护农民合法的土地权益。首先，土地确权有利于强化物权保障。土地是农业最基本的生产资料，也是农民的"命根子"，确权后农民就是土地承包经营权的物权权利人，能依法保障农民承包土地的土地承包权益。其次，土地确权有利于强化承包农户的市场主体地位和家庭承包经营的基础地位，为巩固广大农村基本经营制度提供强有力的土地制度保障。土地确权颁证之后，土地既是资源，也是资产，农民就等于握住了自己的土地使用权，无论谁想再调整或回收农民的承包地，都必须经过土地承包者的同意。如果农民外出打工，还可依法把承包地进行流转，或者交给家庭农场、农民合作社等来经营，获得土地流转收益，有助于增加农民的财产性收入。再次，农民可用自己的土地承包经营权证进行抵押贷款。当前，因部分农民无法提供担保、没有足够的抵押物，农业生产经营中贷款难问题较突出。而土地确权登记颁证以后，随着相关农民抵押贷款政策的陆续出台，农民就可用自己的权证进行抵押贷款。最后，确权有利于明确土地承包经营权归属，为解决村集体与农户之间、土地转入和转出户之间的土地承包经营纠纷、维护农民土地承包的各项合法权益提供强有力的法律依据。土地确权之前，耕地面积四至不清、面积不明承包地流转就潜藏较大风险，不仅农户不能放心流转土地，土地规模经营主体也难以安心经营，必然制约农民有效的非农就业和现代农业发展。

2. 土地确权后农村劳动力非农就业机会成本的变化

土地确权降低了农村劳动力非农就业的机会成本。土地确权后，农村劳动力非农就业的机会成本发生巨大变化，土地确权后，清晰界定了政府、村集体和农户间土地权利边界，农村土地产权由模糊逐步发展到清晰和稳定，农户自家耕种承包土地和流转给种植大户经营的纯收益在缩小，这意味着农村劳动力非农就业的机会成本在缩小，这势必推动农村劳动力由兼业向纯非农就业演变。

劳动力非农就业的成本计算存在一定的误差。农村劳动力在非农就业过程中往往关注自己能计算的成本，而往往忽视一些成本（心理成本，跨期成本等），根据 2017 年诺贝尔经济学奖得主塞勒的理论，人们不能很好规划现在和未来，就是说人们不能很精确的计算跨期成本；同理劳动力非农就业的心理成本就更加难以测量和计算。非农就业劳动力往往会通过牺牲自己的福利来规避或降低自身的货币化成本，即主观上有意低估外流成本。从经济学角度看，农村劳动力非农就业也会面临较高的机会成本。农村劳动力主要有两大就业选择，即务农和非农就业。农村劳动力迁移从事非农就业的机会成本就是其务农所带来的收益。在我国农村土地集体所有制背景下，农村土地制度是影响劳动力非农就业的机会成本的主要因素。农村土地确权之前，农村土地产权模糊，流转土地随时面临土地调整、土地征收的威胁，造成非农就业劳动力转移出去的土地面临很大的风险，导致70%以上的家庭选择兼业经营（中国健康与养老调查数据，2015），或者导致非农就业劳动力将不能自己耕种的土地撂荒或者借给亲友耕种，严重制约了合同关系的土地流转，造成非农就业劳动力所承包的土地不能给他带来收益，加大了非农就业的机会成本。土地确权之后，农民拥有土地承包经营权证书，清晰界定了政府、村集体和农户的土地权利边界，限制了村集体的土地调整行为和政府的征地行为，保障了农户承包土地的产权，保障了农户在土地流转市场上的自由选择权和自由签约权，为农户间的土地流转解决了后顾之忧，有助于土地转入户和土地转出户之间签订长期的土地流转合同，能够使土地转出户获得土地投资的最大收益，进而降低了农村劳动力非农就业的机会成本。

三、构建农村劳动力非农就业的成本—收益动态决策模型

传统劳动力迁移就业模型基本采用静态分析方法，其主要局限在于与现实劳动力非农就业决策的动态事实不符。本书基于中国农村劳动力非农就业的成本—收益分析，将土地确权影响劳动力非农就业成本变量引入动态决策模型。

在哈里斯—托达罗模型的基础上，我们假定劳动力根据预期收入差距来决策是否从事非农就业，设定非农就业函数为 $M = F(\Delta I_f)$，$F' > 0$，其中 M 为农村劳动力非农就业规模，也可以看作劳动力是否从事非农就业的二值变量；ΔI_f 表示如果从事非农就业的预期收入差距，$F' > 0$ 表示预期收入差距越大，劳动力非农就业的规模或意愿越高。公式 $\Delta I_f = P \cdot$

$I_c - I_r$，其中 I_c 为劳动力非农就业时的实际工资水平，P 为劳动力从事非农就业的概率，$P \cdot I_c$ 为劳动力从事非农就业的预期收入，I_r 为非农就业的机会成本。农村土地确权之前，农村土地产权模糊，非农就业农民基于规避风险考虑，将土地无偿流转给亲友耕种；这时放弃耕地的机会成本 I_r 非常大；土地确权后，土地产权清晰，非农就业农民可以在更大范围内将土地承包经营权进行流转交易，这时劳动力非农就业的机会承包下降，土地流转投资收益甚至等于自己务农的纯收益。

根据劳动力非农就业的成本－收益变量，建立影响劳动力非农就业动态决策的模型如下：

$$ENY_{r \to c}^s = \int_0^n \left[P(t) \cdot I_c(t) - C_{cg}(t) \right] e^{-Rt} \mathrm{d}t \tag{5.1}$$

$$C_{cg}(t) = C_{cl}(t) + C_{chou} + C_{co}(t) + C_{op}(t) \tag{5.2}$$

上式中的 $ENY_{r \to c}^s$ 为地区或城乡间劳动力非农就业的预期收入差距的净现值，$P(t)$ 为第 t 期潜在非农就业者在流入地实现就业的概率，$I_c(t)$ 为第 t 期流入地的实际收入，为劳动力在流入地净收益折算为其在流出地净收益的主观贴现率，$C_{cg}(t)$ 为非农就业劳动力从事非农就业的总成本。具体包括非农就业劳动力在流入地的生活支出 $C_{cl}(t)$、租房支出 $C_{chou}(t)$、放弃耕地的机会成本 $C_{op}(t)$ 和其他支出 $C_{co}(t)$。n 为所考察的时期数，R 为劳动力对时间的主观贴现率，反映了其潜在的时间偏好。

根据模型，如果劳动力非农就业的净收益大于零，则劳动力应该选择从事非农就业，反之应该务农。农村劳动力在流入地的非农就业收入和成本不变的情况下，农村土地制度变迁将极大影响劳动力非农就业动态决策，因为土地确权之前，农村劳动力非农就业机会成本较高，大部分纯非农就业劳动力放弃了承包土地的收益，大多数农户选择了兼业形式，这不仅仅增加了非农就业劳动力的就业成本，还阻碍了农村劳动力有效转移，加快了中国人口红利消失速度。土地确权后，非农就业劳动力土地流转投资范围扩大，土地流转投资收益增加，部分地区农户流转投资收益等于自己务农的纯收入，这势必降低劳动力非农就业机会成本，提高农村劳动力非农就业的净收益，推动农村劳动力尤其是兼业农户向非农行业转移就业。

四、研 究 结 论

农村劳动力从事非农就业既面临着个体成本、家庭成本和社会成本，也获得个人收益、家庭受益和社会收益，农村劳动力转移的理论研究和实践证明农村劳动力非农就业的成本大于收益。"增人不增地，减人不减地"的政策极大稳定了农村土地产权，保障了农户承包土地的预期，2013 年的土地确权从物权法的角度保障了农民的土地权益，重新界定了政府、村集体和农户间的土地权利边界，将土地剩余控制权界定给农户，非农就业农户能在更大范围、更长时间内进行土地流转，缓解了农户在非农就业和土地经营间的两难选择，极大降低了非农就业农户就业的机会成本，必然会提升兼业农户的非农就业意愿。

第六章

土地确权影响劳动力非农
就业的实证研究

农地确权制度在一定程度上解决了农地不完全契约问题，深刻影响农户优化配置土地、劳动力资源。建立劳动力非农就业的人力资本模型，使用中国健康与养老追踪调查 2011 年数据，实证检验农地确权推动土地流转，影响劳动力非农就业的机制。研究发现，土地确权后，农地产权清晰，土地承包的剩余控制权在一定程度上转到农户一方，劳动力非农就业机会成本为零，推动了农村劳动力非农就业。农地产权清晰解决了农村劳动力从农村迁移到城市的后顾之忧，有利于其在城市长期稳定的就业并最终在城镇安家落户。农地产权清晰还有利于非农就业劳动力进行长期职业选择，保障其工资收入稳定增长。因此，农地产权清晰对于非农就业劳动力产生机会成本效应、非农就业稳定性效应和收入效应。本书的政策含义在于，推动农地确权制度改革，解决农地的不完全契约问题，进一步推动农村非农劳动供给，缓解人口红利消失对我国经济下行压力。

一、农村劳动力转移就业的现状及发展趋势

劳动力非农就业稳定性是影响中国经济可持续发展的重要因素之

一。2013 年我国出现人口红利转折点，人口红利消失制约了我国经济持续增长（蔡昉，2013）。从农村劳动力结构看，我国务农劳动力比例不仅高于发达国家，还高于部分发展中国家；而且 40 岁以上非农就业劳动力占农村非农就业劳动力的比重明显提高，从 2008 年的 30% 上升到 2014 年的 43.5%，但其通常在退休年龄之前退出非农劳动市场，非农劳动参与率较低（蔡昉，2016）。农村劳动力非农就业不充分和过早退出非农劳动市场不仅造成劳动力资源的极大浪费，还加大人口红利消失对中国经济下行的压力，严重影响中国经济可持续发展。

针对劳动力非农就业稳定性问题，国内外学者进行了大量研究并提出各种解释：城乡收入差距（Lewis，1954；Zhao，1999；常进雄等，2014）、户籍制度（赵耀辉等，1997；陆铭等，2015；邓曲恒和古斯塔夫森，2007；孙文凯，白重恩和谢沛初，2011）、城乡二元福利制度（陆铭，陈钊，2004）、劳动力市场不完善（檀学文，2014）等是影响农村劳动力转移就业的宏观因素；迁移机会成本（谢冬水，2014）、人力资本（Zhao & Hare，1999）、家庭特征和家庭资产（Zhao，1999）、社会关系网络、性别、年龄和婚姻状况（赵耀辉，1997；Zhao & Hare，1999；Dragos Radu，2008；张广胜等，2015；许庆等，2017）等因素是影响农村劳动力转移就业的微观因素。虽然这些解释各有侧重，但还未有学者从不完全契约视角研究农地确权、土地流转对劳动力非农就业的影响。

为了保障农户的土地承包经营权，稳定农地经营和非农就业人员安心就业，2008 年 10 月，十七届三中全会发布《中共中央关于推进农村改革发展若干重大问题的决定》，明确提出"健全严格规范的农村土地管理制度"，要求"搞好农村土地确权、登记、颁证工作"。2009 年农业部在山东等省份进行了限制土地调整、稳定承包经营权的探索。2011 年农业部发布《意见》正式开始土地确权登记试点，2013 年中央一号文件，全面开展农村土地确权登记颁证工作。2016 年 10 月中央《关于完善农村土地所有权承包权经营权分置办法的意见》提出，稳定农户承包权，放活土地经营权，充分发挥"三权"的各自功能和整体效用。

根据哈特（1990）的不完全契约理论，土地承包合同属于不完全契约，政府、村集体和农户对土地的权利边界不清晰，政府和村集体控制着农地剩余控制权，农民没有农地的剩余控制权，农地确权很大程度上改进了承包制的不完全契约问题，限制了政府和村集体对土地的剩余控制权。承包土地和劳动力是农户最基本的两种生产资料，农地确权作为外生的制度变迁必然深刻影响农户对土地和劳动力资源的重新配置。一方面，农地确权打消了农户流转土地的顾虑，推动土地流转（程令国等，2016），加速农地的规模化经营，提高了兼业农民从事农业打工和非农就业的比例；另一方面，农地确权之前，外出务工农民面临着失地或调地风险（罗必良等，2015），其非农就业的机会成本较大；而农地确权明晰了政府、村集体和农民的权利边界，在一定程度上解决了农地不完全契约问题，提高了农户对农地的剩余控制权，稳定了农户承包土地的产权预期，维护了农民系于农地的财产性收入和社会保障福利，降低了外出务工农民非农就业的机会成本，有利于其非农就业。

农地确权推动土地流转，是否进一步显著影响农村劳动力就业选择？换句话说，农地确权是否对农村劳动力农业劳动时间和非农劳动时间投入有显著影响？如果存在，其作用机制是什么？如果不存在，其原因有何在？为了回答这些问题，本文细致考察了农地确权、土地流转对农村劳动力非农就业的影响，研究发现，农地确权推动土地流转，增加了纯务农型户主劳动时间；确权增加了兼业型户主农业打工时间，降低了其从事非农打工的概率；确权保障了农户承包土地的剩余控制权，降低了其非农就业机会成本，显著增加了纯非农就业型户主的非农就业时间。农地确权对劳动力非农就业的影响存在明显的滞后效应。

二、劳动力非农就业理论模型与研究假说

（一）影响劳动力非农就业的相关研究评述

改革开放后农村土地制度经历了土地承包、土地流转、土地确权和三权分置改革。土地承包制下，土地产权模糊和不稳定（周其仁等，1995；姚洋等，1998；罗必良等，2013），造成土地被频繁调整（丰雷和叶剑平等，2013）。土地被调整影响流转合同的有效性，阻碍农地市场发育（Lohmar et al.，2001；钱忠好等，2013），不利于农业规模化经营和劳动力非农就业（Katrina et al.，2010；梁海艳等，2015）。2016年诺奖得主 Hart 提出了不完全契约和剩余控制权理论，土地承包制度具有不完全契约特性，在地方政府、村集体和农户三者的博弈中，农户的话语权最弱，不掌握农地剩余的最终控制权。但在土地产权结构中剩余控制权非常重要，激励农户生产行为（陈家泽，2011），确权促进了土地流转（徐美银，2012；傅晨和陈锡文，2014；冒佩华，2015；程令国，2016；许庆等，2017）。土地和劳动力是农户最基本的生产资料，但还未有文献研究农地确权对劳动力非农就业的影响。

刘易斯（1954）为代表的新古典劳动力流动理论，家庭风险分担理论、人力资本流动理论和累计效应理论为代表的新经济学劳动力流动理论解释了劳动力流动的原因。从内外因角度看，城乡收入差距、户籍制度、城乡二元福利制度、劳动力市场和农业补贴政策等是影响劳动力非农就业的外因。第一，城乡收入差距刺激劳动力非农就业（Lewis，1954；Zhang & Song，2003；常进雄等，2014）；第二，户籍制度和城乡二元福利制度阻碍了劳动力长期非农就业，造成第一代农民工返乡（赵耀辉等，1997；陈钊和陆铭等，2015）；第三，发展劳动力市场能有利于兼业农户举家迁移（檀学文，2014）；第四，农业补贴政策对兼业农户非农就业有负影响（吴连翠等，2014）。目前从上述四方面研究的文献较多，而农地制度影响劳动力非农就业的机制还有待深入研究。

机会成本、人力资本、家庭特征、非农就业预期和社会关系网络等是影响劳动力非农就业的内因。迁移机会成本大小（Bauer & Zimmermann, 2000；谢冬水, 2014），人力资本（Zhao & Hare 1999），家庭承包土地数量、劳动力数量等特征（Stark, 1978；Zhao, 1999），社会关系网络、性别、年龄和婚姻状况等（赵耀辉, 1997；Zhao & Hare, 1999；Dragos Radu, 2008；张广胜等, 2015），影响农村劳动力非农就业。虽然鲍尔和齐默尔曼（Bauer & Zimmermann, 2000）和谢冬水（2014）分析了劳动力转移就业的机会成本，但没有研究农地确权对劳动力非农就业机会成本的影响，因此农地确权、非农就业机会成本与兼业农民非农就业的研究还是一个空白。

农村土地制度是影响劳动力非农就业的重要因素（Dixon, 1950；Mullan et al. , 2011；Cheung, Chi Pui, 2012），虽然陈会广等（2012）、黄忠华和米歇尔·瓦尔瑟奇（Michele Valsecchi, 2014）认为土地流转、农地的社会保障和规避风险功能促进了农村劳动力非农就业。但绝大多数文献认为现行土地制度阻碍劳动力非农就业，第一，土地的社会保障功能越来越大于生产资料功能（陈会广等, 2012；郑风田等, 2014），非农就业农民不愿彻底放弃农地经营（罗明忠等, 2012），造成大部分农民工兼业；第二，土地和户籍制度的耦合关系影响劳动力转移就业（樊纲等, 2014）；第三，土地产权模糊造成土地流转困难、土地价值低估和补偿标准过低，阻碍农村劳动力彻底向外转移（Maelys Dela Ruuelle et al. , 2008；Katrina Mullan et al. , 2010；黄锟, 2011；John Giles et al. , 2012），不完全的农地转让权增加了迁移机会成本（王天龙等, 2012；谢冬水, 2014）。现有文献研究了农村土地功能变化、土地制度与户籍制度耦合关系以及土地制度缺陷与农村劳动力非农就业的关系，研究了兼业农户与土地流转的关系（钟涨宝等, 2016）。土地承包制是农村基本经济制度，研究土地制度变迁与农村劳动力非农就业关系的文献还很少。

　　现有文献研究了劳动力非农就业的影响因素，但是目前对这个问题的研究主要集中在城乡收入差距、户籍制度等方面，研究土地制度对劳动力非农就业影响的文献则很少。与现有文献相比本书存在以下三方面的不同：第一，本书运用哈特的不完全契约理论，研究农地确权影响农户土地剩余控制权的机制，及其对农户优化配置土地、劳动力资源的影响；第二，运用人力资本模型，研究了农地确权影响土地流转，进而推动劳动力非农就业的机制；第三，将农村劳动力划分为纯务农型、兼业农业打工型、兼业非农打工型和纯非农就业型，并运用面板数据验证了农地确权后土地流转对劳动力非农就业的影响。

（二）理论模型与研究假说

依据劳动经济学相关理论，本书所分析的农村劳动力非农就业可以看成是一种人力资本投资行为，基于（Geogre J. Borjas，1994）关于移民模型的设定，本书从人力资本投资角度构建农村劳动力非农就业模型。

考察农村劳动力在农业、非农行业就业行为，假设劳动力务农收入 W_a，非农就业收入 W_N，W_a 和 W_N 服从分布：

$$\log W_a = u_a + \varepsilon_a \tag{6.1}$$

$$\log W_N = u_N + \varepsilon_N \tag{6.2}$$

u_a 是务农收入的平均值，ε_a 是务农收入中与 u_a 不相关的离差项，且服从（0，σ_a^2）的正态分布；u_N 是非农就业收入的平均值，ε_N 是非农就业收入中与 u_N 不相关的离差项，且服从（0，σ_n^2）的正态分布。

为考察农村劳动力就业选择：是否从农业（a）转向非农就业（N），我们定义非农就业决策变量：

$$SI_{a,N} = \log W_N - \log(W_a + c_1 + c_2) \tag{6.3}$$

其中，c_1 为农地产权模糊带来的非农就业的机会成本。农地确权之前，农地制度具有不完全契约的特点，政府和村集体拥有农地的剩余索取权，造成农户所承包土地面临失地或调地风险，导致劳动力非农就业的机会成本较高；而农地确权清晰界定了政府、村集体和农民的土地权利边界，在一定程度上解决了农地不完全契约问题，限制了政府和村集体对农地的剩余索取权，农地产权稳定极大降低劳动力非农就业的机会成本。c_2 为流动成本（包含交通费用、心理成本等）。如果 $SI_{a,N} > 0$，则劳动力从事非农就业，$SI_{a,N} < 0$，劳动力就务农。由于 $\log(W_a + c_1 + c_2) \approx \log W_a + \dfrac{c_1 + c_2}{W_a}$，且定义 $\pi_a = \dfrac{c_1 + c_2}{W_a}$ 即相对于务工收入 W_a 而言，非农就业成本的时间量。

劳动力非农就业机会成本包括：务农收入和失地、调地风险产生的损失（Maelys et al.，2009；Mullan et al.，2011；王学龙等，2012），因此，农地确权规避了失地、调地风险，劳动力非农就业机会成本为零，即 $c_1 = 0$，$\pi_a^E = \dfrac{c_2}{W_a}$；未进行农地确权村庄，失地、调地风险导致劳动力非农就业的机会成本较高，即 $c_1 > 0$，$\pi_a^{nE} = \dfrac{c_1 + c_2}{W_a}$。则劳动力非农就业变量为：

$$SI_{a,N} \approx (u_N - u_a - \pi_a) + (\varepsilon_N - \varepsilon_a) \tag{6.4}$$

如果劳动力从事非农就业，则 $SI_{\varepsilon,W} > 0$，或者 $(u_N - u_a - \pi_a) + (\varepsilon_N - \varepsilon_a) > 0$。由公式（4）和 $SI_{a,N} > 0$ 得出农村劳动力非农就业概率为：

$$P = pr\{ (\varepsilon_N - \varepsilon_a) > -(u_N - u_a - \pi_a) \} = pr\left\{ \frac{\varepsilon_N - \varepsilon_a}{\sigma_\varepsilon} > -\frac{u_N - u_a - \pi_a}{\sigma_\varepsilon} \right\}$$
$$\tag{6.5}$$

定义：$Z = -\dfrac{u_N - u_a - \pi_a}{\sigma_\varepsilon}$，$\sigma_\varepsilon = \sqrt{\sigma_i^2 + \sigma_{i+1}^2 - 2\rho_{a,N}\sigma_a\sigma_N}$ 则劳动力非农就业概率变为：

$$P = 1 - \varphi(z) \tag{6.6}$$

通过公式（6.6），可以得到如下结论：$\dfrac{\partial P}{\partial \pi_a} = -\dfrac{\partial \varphi}{\partial Z} \dfrac{1}{\sigma_\varepsilon} < 0$，如果劳动力非农就业的机会成本上升（下降），则会降低（提高）劳动力非农就业概率。从不完全契约视角看，未进行土地确权的村庄，村集体和农户对农地产权的边界不清，农户对土地承包合同没有较强的话语权，没

有农地剩余的控制权，这不仅制约了农地的规模化经营，还限制农户优化配置土地、劳动力资源；农地确权能够降低转出、转入户土地交易费用，推动土地规模化经营和农民劳动的专业化。据此，提出研究假说1：农地确权推动土地规模化经营，使纯务农型户主农业劳动时间增加；假说2，农地确权推动土地规模化经营，将增加兼业型户主农业打工时间和非农就业时间。

农地确权前，非农就业农民面临失地或调地风险，农地产权模糊带来的机会成本$c_1 > 0$。农地确权后，村集体和农户对土地产权的边界清晰，限制了政府和村集体对农地的剩余控制权，农户承包土地的权利得到较为充分保护，劳动力非农就业机会成本$c_1 = 0$。基于此，本书提出假设3：农地确权保障了农户的土地权利，降低了其外出务工农户非农就业的机会成本，有利于其长期稳定地从事非农就业。

三、土地确权影响农村劳动力非农就业的计量模型设计

（一）数据

本书数据来源于中国健康与养老追踪调查（CHARLS）。CHALRS全国基线调查覆盖150个县级单位，450个村级单位，约1万户家庭中的1.7万人。由于2013年社区层面调查问卷没有公布，本书主要使用2011年的数据。

（二）指标设计

农村劳动力流动我们从三个方面进行测量，农村劳动力非农就业、非农就业稳定性和非农就业工资收入。农村劳动力非农就业（nonagr）指标采用农村劳动力是否从事工资性工作表示，从事非农工作取值为1，否则为0。非农就业稳定性（regist）采用农村劳动力是否取得城镇或统一居民户口表示，取得城镇或统一居民户口取值为1，否则为0。农村劳动力非农就业工资收入（wag）用其月工资表示。

本书重点考察的自变量是农地确权（entitl），CHARLS社区问卷对

村庄近五年是否进行过农地确权、确权时间、是否颁发土地承包经营权证进行了调查，根据调查结果将农地确权变量设为二值变量，村庄进行过农地确权取值为 1，否则为 0。

依据博尔哈斯（Borjas，1994）、陆铭等（2015）和程令国（2016）关于劳动力流动和农地确权影响因素的相关研究成果，模型控制变量包括：户主特征、家庭特征、非农就业机会成本和村庄特征变量。户主特征包括：户主性别（mal）、年龄（age）、受教育程度（edu）、户口（hukou）、自评健康状况（healthowner）、工作经验（exp）、婚姻特征（marry）；家庭特征变量包括：劳动力占比（workrat）、父辈健康状况（oldhealth）、家庭人均资产（asset）、户均耕地（land）、家庭社会关系（network）、农业打工（agrwork）、非农就业年限（wtim）；非农就业机会成本包括：亩均投资（invest）、务农时间（agrw）、务农收入（aginc）；村特征变量包括：村人均耕地（pland）、土地流转占比（rent）、亩均租金（rentinc）、有大姓（clan）、交通状况（transp）、环境状况（pollu）、非农就业率（emp）、村老龄化率（oldrat）、是否少数民族村（major）、村企业数（firm）、村农业机械化率（mech）、村人均收入（pinc）和外出务工月工资（immgwag）。

受教育程度指标量化，以高中以上为参照组，设置小学以下、小学、初中和高中。工作经验指标量化，采用李实等（2013）方法在（0，1）内设置网格（Grid），按所有人的个人能力得分与工资的相关系数最高的原则来确定出样本中所有成员的个人能力得分。父辈身体健康，如果父母身体评价好计为 1，否则为 0。家庭关系网络用家庭月均通信支出表示。村庄姓氏结构的测量，如果该村有大姓取值为 1，否则为 0。交通状况，如果该村通公交取值 1，否则为 0。村老龄化率用村 60 岁以上老年人口占总人口比重表示。户主特征、非农就业机会成本、家庭特征和村庄特征指标的描述统计结果见表 6—1。

表 6 - 1　　　　　　　　　户主及家庭特征

	变量	观测数	均值	标准差	最小值	最大值
户主特征	为男性	9 499.00	0.981	0.135	0	1
	年龄（岁）	9 512.00	54.458	6.188	22	65
	为非农户籍	9 512.00	0.044	0.204	0	1
	教育：小学以下	9 512.00	0.458	0.498	0	1
	小学	9 512.00	0.238	0.426	0	1
	中学	9 512.00	0.221	0.415	0	1
	高中	9 512.00	0.083	0.276	0	1
	已婚	9 512.00	0.932	0.252	0	1
	自评健康好	9 510.00	0.847	0.36	0	1
	工作经验	7 808.00	0.004	0.046	0	1
	是非农就业	10 104.00	0.177	0.381	0	1
	农业打工（月）	669	3.15994	3.608433	0	12
	非农就业年限（年）	1 262	6.361331	10.4448	0	106
家庭特征	劳动力占比（%）	8 256.00	0.114	0.245	0	2
	父辈身体健康	9 498.00	0.804	0.369	0	1
	户人均耕地（亩）	8 202.00	6.643	46.608	0	1 250.00
	户人均资产（元）	8 284	3 053.012	19 704.95	- 5 000	500 000
	家庭社会关系（元）	9 210.00	80.274	102.884	0	2 000.00
非农就业机会成本	亩均投资（元）	8 377	798.3925	7 510.636	0	268 000
	务农时间（月）	8 734	6.858484	4.027688	0	12
	务农收入（元）	9 600	2 377.042	1 457.53	0	15 000
村庄特征	土地被确权	294	0.3089781	0.462	0	1
	村人均耕地（亩）	294	3.401	18.263	0	297.214
	土地流转占比（%）	294	13.871	19.454	0	100
	亩均租金（元）	283	509.86	1 663.58	0	32 000.00
	有大姓	294	0.804	0.3970392	0	1
	通公交	294	0.543	0.498	0	1
	受污染	294	0.021	0.142	0	1

续表

	变量	观测数	均值	标准差	最小值	最大值
	非农就业率（%）	294	0.201	0.297	0	2.54
	村老龄化率（%）	294	0.15	0.095	0.015	0.609
	是少数民族村	294	0.428	0.495	0	1
村庄特征	村企业数（家）	294	7.841	51.31	0	850
	务工月工资（元）	288	867.7778	945.7025	0	4 000
	村农机械化率（%）	294	39.778	38.292	0	100
	村人均收入（元）	294	4 367.43	4 932.66	0	50 000.00

（三）数据描述统计

我们对可能影响村庄农地确权的变量进行了详细统计分析，见表
6-2。统计结果表明，确权村与非确权村仅在企业数量、是否少数民族
村两方面差别较为明显，其他各方面的特征几乎没有差别。我们还进一
步将"农地是否确权"作为因变量，对村庄特征进行了 PROBIT 回归，
结果表明除了少数民族村变量显著外，其他变量对村庄是否进行农地确
权同样没有解释力。PROBIT 模型整体显著性检验的 Wald chi2 统计检验
的 P 值为 0.58，表明各村庄特征变量对确权在整体上结果不显著。这表
明农地确权试点村的选择遵循了代表性和普遍性的原则，因此本文所研
究的样本中"选择性"确权并不是一个严重的问题。

表6-2 农地确权与村庄特征统计

变量	合计	确权村	未确权村	差异	PROBIT 模型
	（1）	（2）	（3）	（4）=（2）-（3）	（5）
村人均耕地（亩）	3.06 (17.64)	2.10 (2.71)	3.2 (15.56)	-1.1	0.0721 (0.21)
土地流转占比	13.31 (19.20)	15.03 (18.19)	12.53 (19.53)	2.49	-0.330 (-1.02)

续表

变量	合计	确权村	未确权村	差异	PROBIT 模型
	（1）	（2）	（3）	（4）=（2）-（3）	（5）
亩均租金 （元/亩/年）	495.84 （2 117.83）	480.53 （1 402.71）	501.71 （2 368.23）	-21.18	0.00667 （0.53）
有大姓	1.20 （0.40）	1.25 （0.44）	1.17 （0.37）	0.08	0.885 （1.18）
通公交	0.51 （0.50）	0.54 （0.50）	0.50 （0.50）	0.05	-0.0178 （-0.03）
受污染	0.02 （0.14）	0.01 （0.10）	0.02 （0.16）	-0.01	0.337 （1.29）
非农就业率	0.23 （0.35）	0.26 （0.39）	0.21 （0.32）	0.05	
村老龄化率	0.16 （0.11）	0.18 （0.13）	0.15 （0.09）	0.03	1.128 （0.43）
是少数民族村	0.42 （0.49）	0.51 （0.50）	0.38 （0.49）	0.13 *	0.0192 （0.03）*
村企业数（家）	7.84 （51.31）	4.89 （15.20）	9.08 （60.65）	-4.19 *	0.0795 （0.28）
务工月 工资（元）	2 562.59 （1 422.17）	2 485.39 （1 353.07）	2 589.45 （1 449.15）	-104.05	0.106 （0.11）
农业机械化率	37.57 （37.84）	32.06 （34.83）	39.98 （38.90）	-7.92	-0.0116 （-1.70）
村人均 收入（元）	4 214.79 （4 731.30）	3 857.80 （3 183.96）	4 362.48 （5 275.72）	-504.68	-0.0532 （-0.14）
Wald chi2					18.01 （0.83）
观测值	292	90	202		139

注：1. 第（1）~（3）报告的是均值，括号中给出了标准差；

2. 第（4）列给出确权村与未确权村在村庄特征上的差别，并对此差别进行了 t 检验；* 表示 p<0.1；

3. 第（5）列报告的是 Probit 回归的系数和标准误，Wald chi2 括号中报告的 P 值。

　　农地确权与劳动力非农就业的特征见表 6-3。从统计结果可知，农地确权显著促进了土地流转。与未进行农地确权的村庄相比，确权村庄土地出租比例为13%，比未进行农地确权村庄高4个百分点，确权促进农户间土地集中（程令国，2016）。由表6-3还可以发现，确权村不但土地流转比例高，确权村比未确权村的土地流转价格平均每亩高21元，这表明土地集中提高了土地资源利用效率。

从劳动力流动看，确权村的户主非农就业率24.4%，未确权村户主非农就业率23%，确权村45岁以上劳动力非农就业率高于未确权村；确权村、未确权村子女非农就业率分别为38%、31%，确权村45岁以下劳动力非农就业率也高于未确权村。从非农就业稳定性看，确权村、未确权村户主获得城镇户籍或统一居民户的比例分别为5%、4%，确权村45岁以上劳动力非农就业稳定率高于未确权村；确权村、未确权村子女获得城镇户籍或统一居民户的比例分别为36%、34%，确权村45岁以下劳动力获得城镇户籍或统一居民户的比例也高于未确权村。与未进行确权的村庄相比，确权村不但流转土地比例较高，而且劳动力非农就业比例和劳动力非农就业稳定性也较高。

表6-3   **农地确权与农村劳动力非农就业特征**

	变量	合计	确权村	未确权村
农户土地特征	租出土地（不租出=0）	0.1 (0.3)	0.13 (0.34)	0.09 (0.29)
	租入土地（不租入=0）	0.12 (0.32)	0.11 (0.31)	0.12 (0.33)
	租金率（元/亩/年）	495.84 (2 117.83)	480.53 (1 402.71)	501.71 (2 368.23)
	承包土地面积（亩）	6.643 (12.04)	6.78 (12.44)	6.46 (14.52)
户主流动	非农就业（务农=0）	0.24 (0.43)	0.244 (0.42)	0.23 (0.43)
	户籍（农业户口=0）	0.047 (0.21)	0.05 (0.22)	0.04 (0.21)
子女流动	非农就业（务农=0）	0.26 (0.43)	0.38 (0.48)	0.31 (0.46)
	户籍（农业户口=0）	0.36 (0.48)	0.36 (0.47)	0.34 (0.47)

四、土地确权影响劳动力非农就业的经验分析

为考察农地确权对劳动力非农就业决策的影响，本书从个人层面建立了劳动力非农就业决策的 Probit 模型，形式如下：

$$P(nonagr_{ijk}=1)=\beta_0+\beta_1 entitl_k+\beta_2 X_{ijk}+\beta_3 M_{jk}+\beta_4 Z_k+\mu_i \quad (6.7)$$

公式（6.7）中，下标 i 表示第 i 个个人，j 表示第 j 个家庭，k 表示第 k 个村。式左边表示劳动力非农就业概率，被解释变量是关于劳动力非农就业（nonagr）的 0~1 变量，其中，"劳动力非农就业"取值为 1，"务农"则取值为 0；$entitl_k$ 表示农地被确权，被确权取值为 1，否则为 0；X_{ijk} 为户主特征；M_{jk} 为家庭特征；Z_k 为村庄特征。

（一）农地确权影响劳动力非农就业机会成本效应回归结果

表 6－4 第 1 列和第 2 列采用 probit 模型进行回归，结果表明，与未进行农地确权的村庄相比，农地确权村庄的户主非农就业的概率提高了 0.211。第 2 列在控制变量中加入村庄特征，结果表明农地确权影响户主非农就业的概率显著上升，由 0.211 上升到 0.318，并在 1% 的水平上显著。第 3 列用村级层面的数据进行回归，回归结果表明，与未进行农地确权的村庄相比确权村庄劳动力非农就业概率提高了 0.41。表 6－4 回归结果都显示，农地确权降低了农村劳动力从事非农就业的机会成本，解决了农村劳动力流动的后顾之忧，推动了劳动力非农就业。

影响户主从事非农就业的其他影响因素均符合预期。男性比女性的非农就业概率更高；随着年龄提高，户主非农就业概率下降，尤其是回归数据中 90% 的观测都是 45 岁以上的样本，所以年龄对户主非农就业的影响非常显著；受教育程度越高的户主非农就业概率越高；婚姻对户主非农就业呈正向影响，结婚的户主比单身户主的非农就业概率高；户主健康状况是影响非农就业的重要因素，回归结果表明自评健康好的户主非农就业概率高；家庭特征是影响户主非农就业的重要因素，结果表明家庭劳动力占比越高，家庭户主非农就业概率越低；而家庭老人健康

状况良好、人均家庭资产多、社会关系网络多的家庭其户主非农就业概率越高。亩均投资是衡量非农就业机会成本的变量,回归结果表明农业投资越多的家庭户主非农就业概率越低,非农就业机会成本是影响农村劳动力非农就业的重要因素。

第2列引入村庄特征变量,结果表明村庄特征是影响户主非农就业概率的重要因素。村企业数量、农业生产机械化水平、村人均收入和交通条件与户主非农就业概率正相关;少数民族村户主非农就业概率较低,表明民族文化和传统是影响少数民族劳动力非农就业的重要因素。

农村劳动力的非农就业分为就地非农就业和城镇非农就业,为了验证农地确权影响劳动力非农就业类型差异,表4第3列以农村劳动力就地非农就业投入时间为因变量进行ols回归,结果表明确权村劳动力就地非农就业投入时间较少,农地确权推动了劳动力向城镇非农领域就业,其他变量回归结果符合直觉。

表6-4第4列基于村级层面数据进行OLS回归,因变量为村庄劳动力非农就业率(emp)。回归结果表明,农地确权与村庄劳动力非农就业率呈正相关关系,表明农地确权推动了村庄劳动力的非农就业。其他变量回归结果符合直觉,村企业数量、农业生产机械化水平、村人均收入水平、交通条件、外出务工工资与劳动力非农就业概率正相关;老龄化率越高的村庄,该村劳动力非农就业概率就越高,表明劳动力非农就业提高了其抚养孩子的成本,降低了其生育意愿,造成该村老龄化率升高。

表6-4 农地确权影响劳动力非农就业的回归结果

	(1) 非农就业概率	(2) 非农就业概率	(3) 非农就业时间	(4) 非农就业率
确权	0.211 **	0.318 ***	−0.873 *	0.41
性别	0.877 *	0.671 *		

续表

	（1） 非农就业概率	（2） 非农就业概率	（3） 非农就业时间	（4） 非农就业率
年龄	− 0.0328 ***	− 0.0376 ***	− 0.00323	
学历：小学以下	0.101 *	0.0912 *	− 0.249	
小学	0.247 **	0.2 *	− 1.088	
初中以上	0.390 **	0.383 ***	− 0.754	
婚姻	0.511 **	0.559 *	− 0.929	
自评健康状况	0.219 *	0.226 *	0.429 *	
工作经验	− 1.294 *	− 1.27 *		
工作经验的平方	3.193 *	3.178 *		
劳动力占比	− 0.194 *	− 0.0988 *	0.387	
父辈健康状况	0.0085 *	0.0169 *	− 0.802	
户均耕地（对数）	− 0.0036 *	− 0.00133 *	− 0.275	
人均资产（对数）	0.0246 *	0.0406 *		
亩均投资（对数）	− 0.0646 *	− 0.0852 **	− 0.229	
家庭社会关系（对数）	0.0798 *	0.0574 *		
村企业数		0.0144 ***		0.0063 *
村机械化率		0.00539 ***	0.0124 *	0.00155 *
村人均收入		2.83E − 06 *	0.0000787 *	0.0433 *
村老龄化率		0.43 *	0.210	3.502 **
是否受工业污染		0.0275		1.062
是否通公交		0.139 *		0.438 *
是否是少数民族村		− 0.257 **	− 0.369	− 0.252 *
外出务工男性月工资（对数）				0.112
是否有大姓				− 0.239
常数项	0.552	0.836	6.734 **	− 1.416
Waldχ²	252.99 ***	130.96 ***		
R − squared			0.143	0.275
观测值	3 183	3 183	307	132

注：* p < 0.1，** p < 0.05，*** p < 0.01。

我国各地区农地承包情况复杂，有些村庄务农为主，农户生计对土地的依赖性大，农户对承包土地调整有较强的意愿，这些村庄承包土地调整较为频繁；而有些村庄家庭承包土地收入占农户总收入比重较低，这些村庄土地很少调整，甚至有些村庄从未进行过土地调整。在调查样本中从未进行过土地调整的村有84个，占样本量的39.1%。因此，村庄土地是否进行过频繁调整是影响农户土地产权预期的重要因素，在较长时期内从未进行过土地调整的村庄，这些村庄的农户有较稳定的土地产权预期，有利于劳动力非农就业；而频繁或定期进行土地调整的村庄，这些农户由于担心外出务工将失去农地承包经营权，不敢轻易将土地流转，不仅影响承包土地的合理配置也制约其长期稳定的从事非农就业。用村庄15年内是否进行过土地调整的数据进行分组估计（见表6-5），回归结果完全证实了这个推断，对于15年内没有经过土地调整的村庄，土地确权对劳动力非农就业的影响力系数为0.151，而15年之内进行过土地调整的村庄，土地确权对劳动力非农就业的影响力系数为0.279。表6-5的回归结果表明农地确权政策稳定了农户所承包土地产权预期，极大促进了劳动力向外流动和非农就业。分组回归结果验证了我们的假设，即农地确权主要通过稳定农户土地产权预期，降低劳动力非农就业机会成本，促进农村劳动力非农就业。

同时我们还对农地确权影响劳动力非农就业的滞后效应进行了检验。由于从农地确权、土地流转到农户优化劳动力资源配置需要时间，同时由于中央稳定土地政策与地方实施中的灵活调整，降低了农户对农地确权政策的信任度，这同样需要时间提高农户对该政策的信任。因此，表6-5中我们以土地确权是否2年以上作为划分标准，对回归样本进行了分组。结果同样验证了我们的预期：对于确权政策实施小于2年的村庄，确权对劳动力非农就业概率的影响系数较小且不显著；而对于确权政策实施2年以上村庄，确权对劳动力非农就业概率的影响高打达40.1%。分组回归的结果再次验证了我们的假说，农地确权主要通过稳定农户土地产权预期，推动农户重新优化土地、劳动力资源配置，促进农村劳动力非农就业。

表 6 - 5　　　　农地确权与劳动力非农就业：按村庄特征分组估计

变量	15 年内无土地调整	15 内有土地调整	确权时间超过 2 年	确权时间不足 2 年
	非农就业概率	非农就业概率	非农就业概率	非农就业概率
确权	0.151 *	0.279 **	0.401 ***	- 0.0287
性别	0.114 *	0.101 *	- 0.503 *	
年龄	- 0.0232 *	- 0.0265 ***	- 0.0197 **	- 0.0367 ***
学历：小学以下	0.153 **	0.272 ***	0.0883 *	0.11 *
小学	0.144 *	0.313 **	0.0938 *	0.177 *
初中及以上	0.204 *	0.0529 *	0.237 *	0.235 *
婚姻	0.321 *	0.545 *	0.610 **	0.129 *
自评健康状况	0.494 **	0.0663	0.217 *	- 0.23
劳动力占比	0.0742 *	0.238 *	- 0.164	0.617 **
父辈健康状况	0.117 *	0.181 *	0.00321	- 0.241
家庭社会关系（对数）	0.229 **	0.106 *	0.119 *	0.196 *
人均资产（对数）	0.0161	- 0.0013	0.0137	- 0.0006
承包耕地（对数）	- 0.0746 *	- 0.129 **	- 0.0377 *	- 0.197 **
是否通公交	0.0568 *	0.0663 *	0.119 *	0.192 *
村老龄化率	2.108 **	- 1.145	0.0994	
是否受工业污染		0.135	0.24	- 0.967
村机械化率	0.00958 ***	0.00524 ***	0.00894 ***	0.00351 *
常数项	- 2.036	1.157	- 1.041	1.004
Waldχ^2	152.99 ***	79.04 ***	190.72 ***	110.3 ***
观测值	2 495	1 100	1 065	1 530

注：* $p < 0.1$，** $p < 0.05$，*** $p < 0.01$。

（二）确权影响劳动力非农就业稳定性效应回归结果

农地确权稳定了农户所承包土地的产权预期，这一制度变迁不仅影 107

响农村劳动力是否非农就业决策，还影响农村劳动力是否长期稳定的从事非农就业。农村劳动力如果长期从事非农就业，其获得城镇户口或统一居民户口的概率就高，因此是否获得城镇户口或统一居民户口是农村劳动力非农就业稳定性的重要衡量指标。为了验证农地确权与劳动力非农就业稳定性的关系，我们选取农户户主是否获取城镇或统一居民户口作为模型因变量，建立 PROBIT 模型。用全部样本进行回归的结果表明，与未进行农地确权的村庄相比，农地确权村庄的非农就业劳动力取得城镇户籍的概率高 9.13%，农地确权有效提高了非农就业劳动力就业稳定性；进行分组回归结果表明 15 年内无土地调整村庄，农地确权政策使非农就业劳动力取得城镇户籍的概率提高 21.5%，明显高于总体样本的回归结果；15 年内进行过土地调整村庄，农地确权使非农就业劳动力取得城镇户籍的概率仅为 7.34%。分组回归结果表明事实上的地权稳定极大稳定了农户承包土地的产权预期，推动了农户在较长时间内优化配置土地、劳动力资源，有利于非农就业劳动力制定长期的职业发展规划并在城镇落户。

农村劳动力在城镇长期稳定的就业，还可以表现为从事非农就业年限长度。在城镇就业时间越长的农村劳动力，由于进行了大量的人力资本投入和社会关系网络投资，其非农就业稳定性较强，而在城镇就业较短的农村劳动力通常非农就业稳定较低。为了进一步验证农地确权对劳动力非农就业稳定性的影响（见表 6-6），表 6-6 第 4 列用劳动力非农就业时限做因变量，采用 OLS 回归方法，结果表明农地确权村的劳动力非农就业年限较强。回归结果再次验证了农地确权促进了劳动力非农就业的稳定性。

表 6-6　　　　　　　　农地确权与劳动力就业稳定性估计结果

变量	全部样本	15 年内无农地调整样本	15 年内有农地调整样本	全部样本
	获得城镇（统一）户口概率	获得城镇（统一）户口概率	获得城镇（统一）户口概率	非农就业年限
确权	0.0913*	0.215**	0.0734*	0.337

变量	全部样本	15 年内无农地调整样本	15 年内有农地调整样本	全部样本
	获得城镇（统一）户口概率	获得城镇（统一）户口概率	获得城镇（统一）户口概率	非农就业年限
年龄	0.0446 ***	0.0541 ***	0.0438 ***	0.0833
学历：小学以下	− 1.228 ***	− 1.176 ***	− 1.267 ***	− 2.218
小学	− 0.781 ***	− 0.680 **	− 0.842 ***	− 1.780
初中以上	− 0.682 ***	− 0.657 **	− 0.702 ***	0.466
工作经验	0.347 *	− 0.33 *	2.839 *	37.94 **
工作经验的平方	1.562 *	3.521 *	− 3.806 *	− 37.74
婚姻	0.159 *	0.142 *	0.353 *	− 3.761
自评健康状况	0.107 *	0.224 *	0.223 *	0.697
劳动力占比	0.129 *	0.421 *	0.0271 *	− 3.152 *
是否通公交	− 0.188 **	0.105 *	− 0.256 *	
家庭社会关系（对数）	0.104 *	0.170 *	0.0875	1.211 **
承包耕地（对数）	− 0.130 ***	− 0.297 ***	− 0.0741	− 0.514
是否少数民族村				− 1.525 *
常数项	− 4.075 ***	− 4.451 ***	− 4.241 ***	1.118
Wald χ^2	496.21 ***	56.04 ***	44.13 ***	
R^2				0.172
N	5 710	1 584	4 126	570

注：* p < 0.1，** p < 0.05，*** p < 0.01。

（三）农地确权影响劳动力非农就业收入效应回归结果

从人力资本角度分析，劳动力流动可以看作是劳动力的人力资本投资。农村劳动力在进行人力资本投资决策时受到劳动力自身特征、家庭特征、经济社会制度安排等因素影响；在其他因素不变的前提下，农村土地制度确权这一制度变迁将会对劳动力的人力资本投资决策产生较大影响。未进行土地确权的村庄，由于土地产权模糊和土地的社会保障功能，农村非农就业劳动力向城市转移具有不敢彻底性，导致农村劳动力在非农就业决策时通常选择临时性的工作，不利于其工资收入稳定增长；农地确权的村庄，农户所承包土地产权清晰，农村劳动力进行非农就业选择时没有后顾之忧，通常能选择长期稳定的职业，有利于其工资稳定增长。为了验证农地确权对非农就业劳动力工资收入的影响，我们用明瑟工资方程进行估计，形式如下：

$$Lwag = \beta_0 + \beta_1 entitl_k + \beta_2 \exp_i + \beta_3 \exp_i^2 + \beta_4 X_{ijk} + \beta_5 M_{jk} + \beta_6 Z_k + \mu_i$$

$$(6.8)$$

其中，$Lwag$ 为非农就业月工资的自然对数，$entitl$ 为村庄农地确权变量，$\exp$ 用非农就业劳动力技能水平表示，X_{ijk} 表示非农就业劳动力个体特征，M_{jk} 表示非农就业劳动力家庭特征，Z_k 非农就业劳动力村庄特征。

表 6-7 第 1 列为全样本回归结果，结果表明农地确权为非农就业劳动力进行最优的职业选择提供条件，有利于非农就业劳动力在城市长期稳定的工作，与未进行农地确权的村庄相比，确权政策促使非农就业劳动力的工资收入提高了 3.17%；同样农地确权政策对非农就业劳动力工资收入的影响也具有时滞效应，为了考察农地确权影响非农就业劳动力工资收入的滞后效应，我们将样本划分为农地确权 2 年以上和不足 2 年两组。表 6-7 第 2 列是农地确权超过 2 年的样本的回归结果，与未进行农地确权村庄相比，确权村庄非农就业劳动力工资收入高 5.48%，农地确权极大提高了非农就业劳动力工资收入；而农地确权不足 2 年的样本回归结果并不显著，表明农地确权政策对非农就业劳动力收入的影响具有很强的时滞效应（见表 6-7）。

表 6-7　　　　　　　农地确权与劳动力非农就业收入的估计结果

	全部样本	农地确权超过 2 年	农地确权不足 2 年
	非农就业工资收入	非农就业工资收入	非农就业工资收入
确权	0.0317 *	0.0548 **	− 0.00744
性别	0.146 *	0.154 *	

续表

	全部样本	农地确权超过2年	农地确权不足2年
	非农就业工资收入	非农就业工资收入	非农就业工资收入
年龄	-0.00254*	-0.000607*	-0.00572**
工作经验	1.290**	1.261*	1.368*
工作经验的平方	-1.523*	-1.415*	-2.057*
学历：小学以下	0.0847***	0.0819**	0.0874*
小学	0.0934***	0.0938**	0.0828*
初中	0.0202*	0.0327*	0.000895
婚姻	-0.0341	-0.0438	0.0278
健康自评状况	0.000837*	0.00482*	0.00667*
劳动力占比	0.108***	0.116***	0.092*
承包耕地（对数）	-0.0023*	-0.00498*	-0.0106*
家庭社会关系（对数）	0.0263***	0.0132*	0.0645***
是否通公交	0.0812***	0.134***	-0.0411
是否受工业污染	0.146***	0.152***	-0.0874
村机械化率	-0.00118***	-0.00118***	-0.000908**
常数项	7.205***	7.112***	7.400***
R-squred	0.214	0.136	0.151
观测值	2 673	1 854	1 819

注：*$p<0.1$，**$p<0.05$，***$p<0.01$。

五、研究结论和对策

在我国农村土地制度改革领域，土地确权是改革开放以来具有里程碑意义的一次制度变革。农地确权稳定了农户承包土地的产权预期，深刻影响着农户优化配置土地、劳动力资源决策。农地未确权情况下，农地产权模糊导致非农就业劳动力面临失地、调地风险，造成劳动力非农就业的机会成本较大，制约了农村劳动力向非农就业转移；而农村土地确权后，农地产权清晰，土地承包的剩余控制权在一定程度上转到农户一方，劳动力非农就业机会成本为零，推动了农村劳动力非农就业。农地产权清晰解决了农村劳动力从农村迁移到城市的后顾之忧，有利于其在城市长期稳定的就业并最终在城镇安家落户。农地产权清晰还有利于非农就业劳动力进行长期职业选择，保障其工资收入稳定增长。因此，农地产权清晰对于非农就业劳动力产生机会成本效应、非农就业稳定性效应和收入效应。

基于翔实的微观家庭调查数据，利用 PROBIT 模型和明瑟方程，在尽量控制家庭特征、村庄特征影响的前提下，本书识别了农地确权影响劳动力非农就业决策的机会成本效应、非农就业稳定性效应和收入效应。回归结果表明，农地确权显著影响农村劳动力非农就业，分组回归结果表明 15 年内进行过农地调整的村庄，确权影响劳动力非农就业概率相对较高；农地确权 2 年以上的村庄，劳动力非农就业概率相对较高，表明农地确权政策对劳动力非农就业影响具有滞后效应。农地确权影响劳动力非农就业稳定性的回归结果表明，农地确权提高了劳动力获得城镇户籍的概率，有利于劳动力非农就业的稳定性；分组回归结果表明，15 年内未进行农地调整村庄的劳动力获得城镇户籍的概率较高。农地确权对劳动力非农就业工资收入回归结果表明，农地确权提高了劳动力非农就业工资收入；分组回归结果表明对于农地确权 2 年以上村庄的样本，农地确权对劳动力非农就业收入的影响显著。实证分析结果验证了本书的假说，即农地确权降低了劳动力非农就业的机会成本，提高了其非农就业概率和工资收入。根据本书实证分析结果，我们建议政府相关部门要积极稳妥地推进农地确权改革，加快农村劳动力非农就业进程，缓解人口红利消失对我国经济下行压力。

第七章

土地确权影响农户土地规模经营的
实证研究

农村土地确权在一定程度上解决了承包制的不完全契约特性，将剩余控制权配置给土地投资决策相对重要的农民，必然深刻影响土地流转投资、关系专用性投资和农户土地规模经营。本书利用中国健康与养老调查数据库 2011 年、2013 年和 2015 年数据，对土地流转和土地规模经营的样本进行分类回归，经验验证发现，确权使农户转出土地意愿提高，转出土地面积增多，转出价格升高；确权对不同类农户转入土地面积的影响有差异性，确权提高了转入面积在 3 亩以下和 10 亩以上农户的转入，抑制了转入面积在 5~10 亩农户的转入，解释了确权是否推动土地流转的研究争议。确权推动了农户土地规模经营，对经营面积 10 亩以上农户的影响更为显著。交互项回归结果验证了确权通过作用于农户土地流转投资、土地关系专用性投资，进而影响土地规模经营的机制。控制实验的结果表明，确权对不同地区、地形的农户土地规模经营影响有差异性，确权显著提高了经营面积在 10 亩以上、东部平原地区农户的土地规模经营水平。

一、农户土地规模经营的现状及发展趋势

根据第三次全国农业普查数据，平均每个农业生产经营户经营 113

157.04 亩，每个农业从业人员只经营 6.4 亩，亩均年净收益按 500 元计算，每个农业从业人员年纯收入只有 3 221.2 元。经营规模太小导致农业劳动生产率普遍较低，农民务农意愿下降，造成农地粗放式经营甚至撂荒，产生食品安全隐患，不利于农产品国际竞争力提升。因此，加快土地流转，引导土地规模经营是发展现代农业的必由之路。

农村土地确权是推动土地流转和土地规模经营的重要因素。2013 年农村土地确权（简称确权），清晰界定了政府、村集体和农民的土地权利边界，保障了土地转出、转入方的权益。2016 年 10 月，中共中央办公厅、国务院办公厅印发了《关于完善农村土地所有权承包权经营权分置办法的意见》，将土地承包经营权分为承包权和经营权，实行所有权、承包权、经营权（以下简称"三权分置"）并行，保障了土地转入方的权益。2017 年 10 月人大会议审议了《农村土地承包法修正案（草案）》，以法律的形式界定承包地权利。"三权分置"和承包法修正案是农地确权的延续和完善。自 1978 年承包制改革以来，确权是农地制度领域最大、最深刻的一次制度变革，保障了规模经营投资决策相对重要一方的剩余控制权，必然促进土地流转和土地规模经营。

目前国内外学者从推力和阻力两方面研究了影响土地规模经营的影响因素，农村劳动力向城镇大规模转移、土地流转、农业机械化和农业技术进步、国家政策等因素推进了农地规模化经营（胡同泽，2006；刘凤芹，2007）；农村基础设施供给不足、农业生产效益偏低、农业贷款难、承包地细碎化、农民恋土情节、农地市场发展不完善等因素制约土地规模化经营（王磊，2009；许月明，2006；李博伟，2014；黄凌翔，2016）。但还未有学者从不完全契约视角研究确权对土地规模经营的影响。

确权是影响土地投资和规模经营的关键因素。确权之前农地产权模糊，政府、村集体和农民的土地产权边界不清，在三者的博弈中农民缺乏话语权，没有农地流转剩余的控制权，在农地流转市场上作为农地流转市场主体的转入方和转出方没有足够的自由选择权和自由签约权，抑制了土地流转投资，阻碍了农地有效流转；农地确权清晰界定了政府、村集体和农户的土地权利边界，限制了政府、村集体对农地流转剩余的控制权，将剩余控制权交给土地流转投资决策相对重要一方，能够促进土地有效流转。继确权之后的"三权分置"改革，实行所有权、承包权、经营权分置并行，将剩余控制权交给规模经营决策相对重要一方，促进土地转入方的关系专用性投资，使得土地转出方和转入方能够共享土地流转和规模经营的剩余，从而能够推动土地规模经营。

农地确权是否推动土地规模经营？换句话说，农地确权是否影响农户土地流转投资？农地确权能否充分保障农地转入方的权益，增加其关系专用性投资，促进土地规模经营？如果存在，其作用机制是什么？如果不存在，其原因又何在？为了回答这些问题，本书细致考察了确权对农村土地投资及土地规模经营的影响，研究发现，确权使农户转出土地意愿提高，转出土地面积增多，转出价格升高；确权对不同类农户转入土地面积的影响有差异性，确权提高了转入面积在 3 亩以下和 10 亩以上农户的转入，抑制了转入面积在 5～10 亩农户的转入，解释了确权是否推动土地流转的研究争议。确权推动了农户土地规模经营，并对经营面积 10 亩以上农户的影响更为显著。交互项回归结果验证了确权通过影响农户土地流转投资、土地关系专用性投资，进而影响土地规模经营的机制。控制实验的结果表明，确权对不同地区、地形的农户土地规模经营影响有差异性，确权显著提高了经营面积在 10 亩以上农户、东部平原地区农户的土地规模经营水平。

二、土地确权影响农户土地规模经营的理论模型与假说

（一）影响土地规模经营因素的相关研究评述

城镇化进程中我国土地流转速度不断加快，规模不断扩大。2002 年农村土地流转仅 5 300 万亩，2016 年已达到 4.6 亿亩，14 年间增长了近 8 倍（王大为，2017）。同时土地流转类型日趋多样，流转方式趋于多

样化，流转主体多元化，土地流转工作趋于规范化（黄祖辉和王朋等，2008；黄延信等，2011）。但是"全国土地流转规模呈现两极分化，一些地区土地流转规模巨大，达到2 000亩以上，而有些地方土地流转面积不过百亩，我国土地流转规模依然较小"（叶剑平，2017）。土地流转使农民土地依赖关系减弱，不仅推动新型城镇化建设，还有利于实现农业规模经济和农业现代化（张苏等，2013；杜珊等，2014）。因此，需要深入研究确权影响土地流转及规模经营的机制。

土地流转受到微观的农户自身因素和宏观的制度等因素的综合影响。从农户自身看，农户土地流转意愿和农户决策行为影响土地流转，户主特征、收入构成、人口结构、文化程度、社会关系网络、农户对土地抵押的认知等非常显著影响农户土地流转意愿（许恒周，2012；蔡鹭斌，2013；李昊，2017）；各主体之间的相互关系影响农户权益行动选择（李欣怡，2012），零散土地流转中货币租与人情租存在替代关系，不收取货币租的土地流转更多地发生在亲属间（陈奕山，2017）。承包地总面积、土地肥沃度、亩均农业补贴、劳动力比重以及农户参与过土地流转的经验等因素影响农户土地流转决策（周春芳，2012；李忠旭，2014；王杰，2015）。

土地流转制度、土地流转市场发展、农户社会保障等因素也显著影响土地流转。当前土地制度约束下农户所拥有的土地承包经营权的价值无法在土地流转中得到真正实现（李萍和胡俊波，2006）；土地流转市场信息化推动土地规模流转（石冬梅，2013），同时土地流转市场发育不完善制约土地流转（娄亚鹏，2013）；养老保障和失业保险缺乏（赵丙奇，2010；李承桧，2015），导致农民对土地的社会保障功能过度依赖（胡晨成，2016；陆继霞，2016），解决社会养老保险等问题会促进农户土地流转（赵丙奇，2010）。

确权与土地流转关系的研究存在争议。大部分学者认为农地确权促进了土地流转，程令国等（2016）从交易成本角度出发，认为农地确权使得土地产权强度增强，降低了交易成本降低，促进了土地流转；刘玥汐等（2016）从农民分化视角研究得出农地确权对于促进农村土地流转具有正向显著影响，农地确权政策对土地流转起到了积极促进作用；同时许庆等（2017）和丁玲等（2017）认为农村承包土地确权登记颁证使得农地转出概率提高，显著促进农地转出，而对农地转入影响不显著。部分学者认为农地确权并没有促进土地流转；胡新艳（2015）用粤赣地区样本发现确权没有推动农户转出土地，蔡洁等（2017）发现土地财产权不完整导致了确权颁证对农户参与农地流转有一定抑制作用；林文声（2016）从资产专用性得出确权制农民转出土地。林文声（2017）用2011年和2013年中国健康养老追踪调查数据得出农地确权在整体上并不影响农户农地转出，会抑制农地转入。还有一部分学者认为土地确权与土地流转是相互影响、互相作用（郑建华，2009）。

稳定的产权有利于农户进行保护土地的长期投资（Awudu Abdulai et al.，2010；Gonne Beekman，2012；Xianlei Ma et al.，2013），郜亮亮和黄季焜（2011）发现农户在从非亲属转入的农地上的有机肥施用概率和施用量显著低于从亲属转入的农地，使用权确权促进了农户土地长期投资（黄季焜和冀县卿，2012）。土地被频繁调整，制约了与特定地块相连的长期投资（许庆等，2005），降低农家肥的施用强度（陈铁等，2007），影响土地及其附着物的投资交易价值（孙杨等，2011），陈铁等（2007）和钟普宁等（2009）认为土地调整对农户长期土地投资、农业投资总量的影响并不显著。针对土地产权安全是否影响土地投资的分歧，石晓平等（2014）认为产权安全的界定及衡量指标的差异、土地投资类型的不同，以及研究方法和数据方面的缺陷均可能导致研究结果差异。虽然黄季琨等（2012）提出确权影响农户土地长期投资，但还未有学者研究确权后土地剩余控制权的重新配置，影响农户土地关系专用性投资的机制。

土地规模化经营是我国农业发展的必然趋势，目前我国土地规模化程度不高，分散经营仍然是当前土地规模经营的主要方式，我国部分实现农村土地规模化经营的地区，主要是市场主导和政府主导两种模式（刘洪彬，2014；黄凌翔，2016）；农村劳动力向城镇大规模转移、土地流转、农业机械化和农业技术进步、国家政策等因素推进了农地规模化经营（刘凤芹，2006；胡同泽，2007）；农业生产条件、农业生产效益、农户获得资金难、承包地细碎化、农民恋土情节、农地市场发展不完善和农业生产效益等因素制约土地规模化经营（王磊，2009；许月明，2006；李博伟，2014；黄凌翔，2016）。但目前还未有学者从不完全契约视角研究土地规模化经营问题。

与现有文献相比，本书的区别在于，第一，从不完全契约的新视角分析农地确权与土地流转剩余的关系，土地流转剩余控制权与土地流转投资的关系；第二，从不完全契约视角分析确权与转入户关系专用性投资的关系，及其对转入户土地规模经营的影响；第三，建立了农地确权通过农地流转投资和关系专用性投资，影响土地规模经营的机制；第四，利用中国健康与养老调查数据库的数据，对农户的土地转入、转出进行分类回归，解释了学者关于确权是推动，还是抑制土地流转的争议；第五，本书采用控制实验方法，分类回归了农地确权对不同经营面积、不同地域和地形农户规模经营的影响。

（二）土地确权影响农户土地规模经营的理论分析与研究假设

哈特（Hart）认为由于不完全契约的存在，在契约中可预见、可实施的权利对资源配置并不重要，关键的应是那些契约中未提及的资产用法的控制权力，即剩余控制权（residual control right）。契约的不完全性会对经济发展产生扭曲，这种扭曲妨碍了一方当事人用事后获得的收益来补偿其事前所做的投资。比如，如果企业 i 拥有企业 j，企业 i 将运用剩余控制权来获取大部分事后剩余，这将导致企业 i 投资过度和企业 j 投资不足。当契约不完全时，将剩余控制权配置给投资决策相对重要的一方是有效率的（Grossman and Hart，1986）。本书将运用哈特不完全契约理论，基于"不完全契约—剩余控制权"分析框架研究我国农地制度变迁对土地流转、规模经营的影响。

1. 农地确权、农户土地流转投资与土地规模经营

确权之前，农地产权模糊，政府、村集体和农民的土地权利边界不

清，在土地承包合同中政府和村集体凭借所有权拥有农地剩余控制权，而农民没有农地剩余控制权，非农就业农民承包的土地面临被调整或征用风险，种植大户租入的土地也会面临被收回的风险，土地流转市场主体的转入方、转出方缺乏农地流转的自由选择权和自由签约权，不利于土地资源的优化配置和土地规模经营。

从科斯的产权理论看，农地确权清晰界定了政府、村集体和农民的土地权利边界，这使承包土地经营权固化和不可调整（程令国等，2016），土地征用过程中提高了农民谈判地位和议价能力（付江涛等，2016b），还降低了出租方土地遭受承租方非法侵占的可能性（Yami and Snyder，2016）。确权、"三权分置"和承包法修正案有效地抵制村集体对土地转出方、转入方的干预，确保农地使用权的交易自由化（张娟、张笑寒，2005）。

哈特不完全契约理论是对科斯理论的重大发展，哈特认为合同中特定权利并不重要，合同中的剩余权利是一种稀缺资源，应当将剩余权利界定给投资决策相对重要一方。确权将承包经营权投资的剩余权利界定给农户，解决了农户土地流转投资的后顾之忧，总之，农地确权、"三权分置"和承包法修正案将农地流转的剩余控制权交给土地投资决策相对重要的一方（即农户），有利于稳定转出农户土地流转的投资预期，促进土地转出，解决了转入农户的土地来源问题，有助于推动土地规模经营。

2. 农地确权、转入农户关系专用性投资与土地规模经营

哈特认为合同中特定权利并不重要，合同中的剩余权利是一种稀缺资源，应当将剩余权利界定给投资决策相对重要一方。因此，土地确权界定的特定权利并不重要，确权后承包经营权的剩余权利是影响农户土地关系专用性投资的关键。

因此，农地确权、"三权分置"以及承包法修正案保障了农户土地关系专用性投资的剩余控制权，产生了较为完善的农地交易权能，可以提高农民对现值农业投资在未来实现市场价值的信心，增强农民进行长

期农地投资的积极性。黄季焜等（2012）也认为农地确权能够稳定农户对未来的收益预期，从而加大对土地长期投资。但有学者认为农户对农地的固定资产投资产生了沉淀成本，可能会影响农地流转。农业生产投资可以分为与具体地块无关的固定资产投资（如农业机械等）和与具体地块联系的固定资产投资（如园林、灌溉设施等）。与具体地块无关的固定投资对农地流转影响不大，该类投资比重较小，而种植大户虽然有大量的这类固定资产投资，但其并不流出土地；与具体地块相关的固定资产投资，小规模农户基本没有这类投资，这类投资通常由种植大户供给。小规模农户对农地的固定资产投资很少，种植大户的农业固定资产投资较多，农地固定资产投资的沉淀成本并不影响农地确权的土地流转效应。因此，农地确权、"三权分置"改革以及承包法修正案，将剩余配置给了转入户这一土地投资决策相对重要一方，稳定了转入户的投资预期，有助于增加转入户的关系专用性投资，从而推动土地规模经营。

3. 承包地细碎化、农地社会功能属性与土地规模经营

承包地细碎化增加了土地流转的交易费用，制约土地流转速度和流转规模。中国健康与养老调查数据库对中国 13 000 户农户进行了调查，2015 年农户承包土地在 3 亩及以下的占 52.29%；81.72% 的农户承包土地在 7 亩以下，农户承包土地面积在 10 亩以上的仅有 9.67%。土地分配的细碎化必然增加流转成本，阻碍土地流转，增加了土地规模经营难度。

农地不仅具有生产功能，还具有就业、养老保障等功能，自古农民视土地为命根子，因此，从农地社会功能属性农地确权有可能抑制土地流转，阻碍农地规模化经营。首先，农民对土地具有"惜土心理""恋农情结"的情感依赖，确权增加了农地的情感价值，有可能抑制农地流转，罗必良（2014）也认为确权在制度和法律层面上将农地承包经营权赋予农户，促使其在情感上强化了对土地依赖和恋土情节；其次，胡新艳等（2017）从禀赋效应角度研究发现，关于农地流转滞后原因的研究中，大多将土地视为一般交易物，忽视了农民个体的心理因素。第二代

农民对农地的禀赋效应低于第一代农民，农民农地流转中的禀赋效应会随着新老两代农民的更替而弱化。

根据以上分析，本书认为：虽然农地细碎化、农民恋土情节可能抑制土地流转投资，但农地确权保障了农民对承包地流转剩余的控制权，能促进土地流转投资。确权、"三权分置"和承包法修正案保障了土地转入户的土地剩余控制权，稳定了转入户的土地关系专用性投资预期。

根据以上分析，本书提出假设：确权能推动农户土地流转投资和土地关系专用性投资，正向影响农户土地规模经营。

三、土地确权影响农户土地规模经营的经验分析

（一）数据来源与变量选取

本书数据来源于 2011 年、2013 年和 2015 年中国健康与养老追踪调查（CHARLS）。CHALRS 全国基线调查在全国 28 个省份（自治区、直辖市），150 个县级单位，450 个社区（村）单位开展调查访问，至 2015 年全国追访时，其样本已覆盖总计 1.24 万户家庭中的 2.3 万名受访者。样本覆盖范围广，具有较强的代表性。CHALRS 问卷内容包括个人基本信息、家庭结构和经济支持、健康状况、医疗服务利用和医疗保险、工作、收入、消费、资产，社区基本情况等。本书以农户土地流转投资、土地关系专用性投资为中间变量，主要检验确权对农户土地规模经营的影响。主要变量包括土地确权、土地投资和土地规模经营。为了更加准确地估计，我们还引入户主层面、家庭层面和村庄层面的控制变量。

1. 农地确权

CHARLS 社区问卷对村庄近 5 年是否进行过确权、确权时间进行了调查。根据 2011 年村级层面的调查问卷，"确权的时间是哪一年？"调查结果发现 2006 ~ 2011 年分别有 23 个、17 个、14 个、15 个、20 个、1 个村庄参加了农地确权试点。根据调查问卷"你们村最近 5 年内是否

进行了确权",本书设置确权（entitl）变量设为二值变量，村庄近 5 年进行过确权取值为 1，否则为 0。

2. 土地投资

转入农户土地投资是土地关系专用性投资，用转入户的农业固定资产投资额表示；土地流转投资用土地转入价格表示。

3. 土地规模化经营

对于土地规模经营学者们给出了不同的理解，其中具有代表性的观点认为规模经营来源于规模经济，指既有条件下扩大生产经营单位的规模，使得土地、资本和劳动力等生产要素的配置趋于合理，以达到最佳经营效益。本书通过计算农户的实际耕种面积来量化土地的经营规模，即用农户从集体承包的土地减去租出的土地再加上从其他农户租入的土地。

4. 其他控制变量

户主特征：户主性别、年龄、受教育程度、婚姻状况；家庭特征：承包耕地面积、劳动力占比、农业经营收入占家庭总收入的比重、农业生产总成本等；村庄特征：村人均耕地、土地流转比率、村庄地形、工业收入占工农业收入的比重、农业补贴、机械化率、村人均收入和外出务工男性月工资等。

（二）数据描述统计

CHARLS 数据包括农户个人、家庭和村三个层面数据，将这三个层面的数据进行匹配，剔除农地确权、农地流转与土地规模经营的缺失值。受教育程度指标的量化，考虑到农村受访者的文化水平普遍较低，小学以下取值为 0，小学毕业取值为 1，初中及以上取值为 2。婚姻状况的量化，调查时处于已婚状态的取值为 1，其他取值为 0。受访者是男性取值为 1，女性取值为 0。户主特征、家庭特征和村庄特征指标的描述统计结果见表 7-1。

表 7-1　　　　　　　户主、家庭及村庄特征描述统计

	变量	观测数	均值	标准差	最小值	最大值
户主特征	性别（男=1，女=0）	35 761	0.4781	0.4995	0	1
	年龄	35 375	60.7238	9.9149	40	103
	婚姻（已婚=1，其他=0）	35 761	0.4069	0.4913	0	1
	受教育程度（小学以下=0）	35 756	0.9188	0.7564	0	2
家庭特征	劳动力占比	35 761	0.7685	0.3370	0	1
	承包耕地面积（亩）	35 761	4.7687	13.0802	0	1 000
	固定资产投资额	35 761	1 038.85	8 876.33	0	700 000
	年均农业产出（元）	35 761	2 371.705	8 307.606	0	600 000
	农业生产总成本	35 761	1 964.00	17 877.3	0	1 401 000
	户农业收入占总收入比重	35 761	0.2699	0.4273	0	1
	务农投入时间（小时/天）	35 761	3.7667	3.9949	0	24
	土地转入价格（元/亩）	35 761	190.7936	2 809.931	0	185 500
	是否为个体工商户（是=1）	35 761	0.0659	0.2482	0	1
村庄特征	土地是否确权	289	0.3045	0.4610	0	1
	村人均耕地	289	3.4085	18.5261	0	297.21
	工业收入占总收入比重	258	0.1700	0.3239	0	1
	农业补贴（元/亩）	268	74.4863	62.2683	0	848.00
	机械化率（%）	284	38.05	37.9656	0	100
	人均纯收入（元）	277	4 422.30	5 005.92	0	50 000
	男性外出务工工资（元/月）	281	2 579.71	1 436.88	0	15 000
	村土地流转率	288	12.9771	19.2723	0	100
	村年均农业收入	288	85 605.47	932 188.2	0	1 520 000
	村亩均租金（元/亩）	288	483.7495	1 615.412	0	32 000
	离公交车站距离（公里）	288	3.4241	9.2066	0	90
	粮食价格（元/斤）	288	2.3776	1.3092	1	23
	交通条件：沙石路	288	0.5948	0.4909	0	1
	水泥路	288	0.2705	0.4442	0	1
	土路	288	0.1347	0.3413	0	1

续表

	变量	观测数	均值	标准差	最小值	最大值
村庄特征	地形：平原	288	0.3611	0.4812	0	1
	丘陵	288	0.3333	0.4722	0	1
	山地	288	0.2292	0.4210	0	1
	高原	288	0.0451	0.2080	0	1
	盆地	288	0.0313	0.1743	0	1

对可能影响村庄确权的变量进行了详细统计分析见表7－2。统计结果表明，确权村与非确权村仅在村工业收入比重差别较为明显，其他各方面的特征几乎没有差别。我们还进一步将"农地是否确权"作为因变量，对村庄特征进行了PROBIT回归，结果表明所有变量对村庄是否进行确权同样没有解释力。PROBIT模型整体显著性检验的Wald chi2统计检验的P值为0.4638，表明各村庄特征变量对确权在整体上结果不显著。表明确权试点村的选择遵循了代表性和普遍性的原则，因此本书所研究的样本中"选择性"确权并不是一个严重的问题。

表 7－2 农地确权与村庄特征统计

变量	合计	确权村	未确权村	差异	Pr（确权 = 1）
	（1）	（2）	（3）	（4）=（2）-（3）	（5）
村人均耕地	3.41 (18.53)	2.15 (2.78)	3.96 (22.13)	-1.81	0.1738 (0.1725)
村土地流转率	14.41 (20.63)	15.36 (18.42)	14.00 (21.54)	1.36	0.4483 (0.4933)
村亩均租金	608.51 (1 031.35)	570.36 (1 377.63)	625.40 (2 465.53)	-55.04	0.0726 (0.0441)
工业收入占总收入比重	17.00 (32.39)	13.34 (28.75)	18.61 (33.82)	-5.27	-0.2563 (0.3324)
农业补贴标准	74.49 (62.27)	75.94 (45.69)	73.82 (68.62)	2.12	0.1553 (0.1520)

续表

变量	合计	确权村	未确权村	差异	Pr（确权=1）
	（1）	（2）	（3）	（4）=（2）-（3）	（5）
农业机械化率	38.05 (37.97)	33.43 (35.52)	40.05 (38.90)	-6.62	-0.4645 (0.2808)
男性外出务工工资	2 579 (1 436)	2 502 (1 369)	2 614 (1 468)	-112	-0.0065 (0.1612)
地形：平原	0.36 (0.48)	0.32 (0.47)	0.38 (0.49)	-0.06	-0.6322 (0.5147)
丘陵	0.33 (0.47)	0.38 (0.49)	0.32 (0.47)	0.06	-0.6302 (0.50892)
山地	0.23 (0.42)	0.23 (0.42)	0.23 (0.42)	0.00	-0.6414 (0.5246)
高原	0.05 (0.21)	0.03 (0.18)	0.05 (0.22)	-0.02	-0.3731 (0.7163)
Wald chi2	—	—	—	—	10.76 (0.4638)
观测值	289	88	201		221

注：1. 第（1）~（3）报告的是均值，括号中给出了标准差；
2. 第（4）列给出确权村与未确权村在村庄特征上的差别，并对此差别进行了 t 检验；
3. 第（5）列报告的是 Probit 回归的系数和标准误，Wald chi2 括号中报告的 P 值。

2011~2015 年确权与土地流转率特征事实见表 7-3。从统计结果可知，在土地租出方面确权显著促进了土地流转。与未确权的村庄相比，确权村庄农户土地出租的概率显著比未确权村庄高 2.07 个百分点，确权村庄农户土地租入的概率比未确权的村庄高 1.08 个百分点，确权村庄农户租出土地的价格比未确权村庄高 91.47 元。从农户土地流转面积看，农户土地转出、转入面积在确权村庄要显著高于未确权村庄，租出农户的平均租出面积在确权村比未确权村多 2.0986 亩，租入农户的平均租入面积在确权村庄比未确权村庄多 1.8635 亩。从农户实际耕种的土地面积看，确权村庄比未确权村庄多 0.7364 亩。由表 7-3 还可以发现，确权村土地流转比例比未确权村庄高 1.36 个百分点，表明确权村土地流转市场发育较快，促进了土地转入和转出。

表 7 – 3 土地确权与土地流转率特征事实

	变量	合计	确权村	未确权村
家户变量	租出土地（不租出 = 0）	0.0943 (0.2923)	0.1086 (0.3111)	0.0879 (0.2831)
	租入土地（不租入 = 0）	0.0884 (0.2839)	0.1021 (0.2745)	0.0913 (0.2881)
	租金率（元/亩/年）	258.12 (1 063.86)	284.41 (1 179.9)	246.18 (1 006.50)
	集体分配耕地面积（亩）	4.7687 (13.08)	5.4298 (11.885)	4.4682 (13.5784)
	租出土地面积（全部农户均值）	0.4331 (3.6054)	0.6435 (4.9186)	0.3375 (2.8077)
	租出土地面积（租出农户均值）	4.6909 (10.9928)	6.0319 (13.944)	3.9333 (8.8176)
	租入土地面积（全部农户均值）	0.8177 (10.8384)	0.8732 (6.7717)	0.7924 (12.2482)
	租入土地面积（租入农户均值）	9.3211 (35.4998)	10.6399 (21.34)	8.7764 (39.9007)
	实际耕种土地面积（亩）	5.1532 (17.4535)	5.6595 (13.93)	4.9231 (18.8348)
	观测值	35 761	11 174	24 587
村庄变量	土地流转率（%）	14.4141 (20.63)	15.3602 (18.43)	14.0031 (21.54)
	村均亩租金	608.51 (2 187.46)	673.35 (1 377.6)	764.82 (2 465.53)
	观测值	289	88	201

2011 年、2013 年和 2015 年土地流转与土地规模化经营见表 7 – 4。从转出方看，2011～2015 年转出土地的农户户数逐渐增加，从 2011 年的 808 户增加到了 2015 年的 1 043 户，增加了 235 户；平均转出土地的

面积变化不大，稳定在 5 亩左右；而转出户的租金率从 2011 年的 408.34 元提高到了 2015 年的 585.86 元，上涨了近 43.47%；土地转出农户的实际经营面积降低。从转入方看，转入土地的农户户数逐渐减少，2011 年、2013 年和 2015 年分别为 722 户、695 户和 622 户，2015 年土地转入户比 2011 年少 114 户；转入户转入的平均土地面积大幅增加，2015 年比 2011 年多 5.677 亩，比 2011 年增长 72.53%；转入户的租金率呈下降趋势，2015 年比 2011 年下降了 51.31 元；2015 年平均经营面积比 2011 年增加了 4.7648 亩，上涨 30.77%。由此可见，土地在逐渐向少数的规模经营大户集中，土地规模经营渐成趋势。

表 7-4   土地流转与土地规模化经营

	租出				租入			
	户数	平均面积（亩）	租金率（元/亩）	实际耕种面积（亩）	户数	平均面积（亩）	租金率（元/亩）	实际耕种面积（亩）
2011 年	808	5.2276 (12.63)	408.34 (415.69)	1.5759 (2.91)	722	7.8271 (16.65)	331.57 (1 762.09)	15.4849 (27.12)
2013 年	845	5.0048 (9.06)	481.54 (1 009.00)	1.8705 (5.53)	695	9.8784 (33.19)	282.30 (351.00)	17.2162 (39.31)
2015 年	1 043	4.9799 (11.02)	585.86 (975.81)	1.3187 (5.45)	622	13.5041 (48.55)	280.26 (398.95)	20.2497 (51.90)

土地转入户结构和经营土地面积的情况见表 7-5。2011 年 50% 农户转入土地在 3 亩以下；80% 在 8 亩以下；10% 在 16 亩以上。2015 年 50% 转入土地在 4 亩以下；80% 在 12 亩以下；10% 在 22 亩以上。与 2011 相比，虽然转入农户数量下降，但 2015 年农户转入土地数量增加。确权推动了转入户扩大土地经营规模。

表 7 – 5 土地租入户规模化经营

比重 (%)	2011 年		2013 年		2015 年	
	租入土地 （亩）	累计占比 （%）	租入土地 （亩）	累计占比 （%）	租入土地 （亩）	累计占比 （%）
(0 – 50)	(0，3)	44.57	(0，3)	42.12	(0，4)	45.22
[50 – 80)	[3，8)	78.53	[3，10)	77.36	[4，12)	79.94
[80 – 90)	[8，16)	89.67	[10，14)	88.25	[12，22)	89.97
[90 – 100]	16 亩及以上	100.00	15 亩及以上	100.00	22 亩及以上	100.00

（三）计量模型设定

农地确权对土地流转的影响主要包含两方面，一是对土地转出的影响，另一方面是对土地转入的影响。本书用 2011 年，2013 年和 2015 年的调查数据验证确权对土地转入转出面积、转出价格和农户流转意愿的影响。

土地流转面积和流转价格是连续型变量，由于本书数据是面板数据，经过 hausman 检验后采用固定效应模型；农户流转意愿包含两种状态，即转出或不转出。所以农户农地流转意愿问题属于离散型模型，参照程令国（2016）和许庆（2017）的做法，本书采用 logit 方法对农地流转意愿进行估计。模型建立如下：

$$Y_{ijt} = a_0 + a_1 entitl_t + \delta_1 entitl \cdot capital + \delta_2 entitl \cdot rentp + a_2 year_t +$$

$$\sum_{l=3}^{m} a_l X_{ijt} + \sum_{l=m+1}^{k} a_l F_{ijt} + \sum_{l=k+1}^{n} a_l V_{it} + \varepsilon_{ij} \qquad (7.1)$$

Y_{ijt} 即表示第 i 个村庄第 j 个农户 t 年从 2011 年至 2015 年土地转入、转出的面积，也表示农户转出土地价格、农户转出意愿、土地经营面积，$entitl_t$ 表示是否进行了农地确权，即"是 = 1，否 = 0"，$entitl \cdot capital$ 表示确权与转入户固定资产投资额的交叉项，$entitl \cdot rentp$ 表示确权与土地转入价格的交叉项，$year_t$ 表示时间变量，X_{ijt} 表示户主个体特征变量，F_{ijt} 表示家庭特征变量，V_{it} 表示村庄特征变量。a_l 为各个变量的待估系数，ε_{ij} 为扰动项。

四、土地确权影响农户土地规模经营的计量检验与结果讨论

(一) 确权对土地转出的影响

确权影响土地转出的回归结果见表7-6。从转出土地面积看，确权使农户土地转出面积平均提高了2.4%，表明确权促进了土地流转，从农户转出土地价格看，确权使农户土地转让价格平均提高了28.4%，表明确权使得土地产权强度提高，稳定了土地转入方的投资预期，增加了土地的内在价值，土地转让价格提高。从农户转出意愿看，确权使农户转让土地意愿提高了13.5%，表明确权解决了农户流转土地的后顾之忧。回归结果验证了确权将土地流转剩余控制权配置给了土地流转投资决策相对重要一方（即农户），有效推动了土地流转。

控制变量中，户主受教育程度是影响土地转出的主要变量，使土地转入面积提高了1.3%，转出价格提高了10.2%，转出意愿提高了4.8%，表明户主受教育程度越高，非农就业概率越大，其转出土地的意愿越强。家庭特征变量中，固定资产投资额、农业生产总成本与农户土地转出面积呈负相关，却与土地转入价格成正相关；固定资产投资额、农业生产总成本与农业收入占总收入的比重越多，对土地的依赖就越强，其流转意愿就越弱。家庭承包耕地面积、劳动力比重与流转意愿呈负相关，家庭劳动力越少，从事农业劳动的人越少，其转让意愿越强。

村庄特征变量中，村土地流转比率使土地转出面积增加了1%，村亩均租金使得土地转让面积提高了0.1%；土地流转比率和市场化程度越高，土地流转价格就越高，农户转出土地的意愿就更强烈；村工业收入所占比重使土地转让面积提高了54%，村庄工业化程度越高，非农就业机会越多，农户对土地的依赖就越弱，农户转出土地就越多；村庄地形这一因素中山地和高原对土地转出的影响是负向的，可能是这些地形不利于土地连成片，会增加租入者的经营成本，也可能是这些地区的交通条件较差，从而抑制了土地转出。

表 7 - 6 农地确权对土地转出的影响

变量	转出面积	转出价格	转出意愿
确权	0.0240 *** (006)	0.284 *** (0.041)	0.135 *** (0.020)
承包地面积	0.004 *** (0.000)	0.026 *** (0.001)	0.004 *** (0.001)
劳动力占比	0.011 (0.009)	- 0.132 (0.054)	0.138 *** (0.030)
固定资产投资额	- 0.002 ** (0.000)	0.076 *** (0.005)	- 0.017 *** (0.003)
户农业收入占总收入比重	0.005 (0.014)	0.253 *** (0.087)	- 0.016 (0.048)
农业生产总成本	- 0.009 *** (0.001)	0.092 *** (0.010)	- 0.033 *** (0.005)
性别	- 0.006 (0.006)	- 0.154 (0.037)	- 0.054 ** (0.021)
年龄	- 0.000 (0.000)	- 0.030 *** (0.002)	- 0.001 (0.001)
受教育程度	0.013 ** (0.004)	0.102 *** (0.026)	0.048 *** (0.014)
婚姻	- 0.004 (0.006)	—	0.020 (0.020)
男性外出务工工资	0.003 (0.002)	0.161 *** (0.012)	0.008 (0.007)
村土地流转率	0.001 *** (0.000)	- 0.015 *** (0.001)	0.004 *** (0.000)
村亩均租金	0.010 *** (0.001)	0.147 *** (0.007)	0.052 *** (0.004)
村工业收入占总收入比重	0.54 *** (0.010)	0.123 (0.066)	0.007 (0.033)
农业补贴	0.001 (0.003)	0.111 *** (0.018)	0.020 ** (0.009)
离公交车站的距离	- 0.001 (0.000)	- 0.008 *** (0.002)	- 0.001 (0.001)
地形：平原	0.326 *** (0.050)	4.169 *** (0.343)	0.068 ** (0.026)

续表

变量	转出面积	转出价格	转出意愿
丘陵	0. 313 *** (0. 056)	3. 088 *** (0. 343)	0. 057 ** (0. 026)
山地	− 0. 273 *** (0. 056)	3. 189 *** (0. 343)	0. 043 (0. 06)
高原	− 0. 254 *** (0. 058)	3. 150 *** (0. 352)	− 0. 087 (0. 057)
时间: 2011 年	− 0. 031 ** (0. 009)	− 0. 641 *** (0. 059)	− 0. 180 *** (0. 033)
2013	− 0. 023 ** (0. 007)	− 0. 492 *** (0. 048)	− 0. 130 *** (0. 027)
常数	0. 239	2. 061	− 11. 915
LR chi2	—	—	797. 57
R − squared	0. 1380	0. 1423	—
观测值	34 525	34 525	34 525

注: *** 、 ** 分别表示在1% 、5% 的水平上显著, 括号中为稳健标准误; 报告的是样本均值出的边际效应。

(二) 确权对土地租入面积的影响

根据 CHARLS 数据 2011 年对农户土地转入特征进行描述统计发现 (见表 7 − 7), 50% 分位点的农户转入面积在 3 亩以下, 70% 分位点的农户转入面积在 5 亩以下, 80% 分位点的农户转入面积在 10 亩以下。我们将土地租入面积划分为 3 至 5 亩、5 至 10 亩和 10 亩以上, 分别讨论了农地确权对不同类型农户租入面积的影响。同上, 本书主要解释变量是确权, 控制变量分为户主特征、家庭特征和村庄特征变量。

模型 1 是租入面积为 3 ~ 5 亩的农户样本, 回归结果表明, 确权促使这类农户土地租入面积增加了 4.8%, 表明虽然土地规模经营是政府的发展目标, 但目前我国小农经济仍占很大比重, 确权提高了小规模农户务农的积极性, 并增加土地转入。模型 3 是转入面积为 10 亩以上的农户样本, 回归结果表明, 确权促使这类农户土地转入面积增加了

11.2%，这类农户属于规模经营农户或农场，确权稳定了规模经营农户、农场主的生产预期，提高其扩大农业经营规模的积极性，推动土地大规模转入。模型 2 是租入面积为 5~10 亩的农户样本，结果表明，确权使这类农户土地转入面积减少了 4.4%，表明确——权使中等规模农户土地转入下降，可能是中等土地转入农户发生分化，导致这类农户土地租入反而下降。从表 7-4 的统计分析可知，确权后转入土地农户数量大幅度减少，而转入土地面积却大幅度增加，表明中等规模农户发生分化，种植大户、农场的土地规模经营初见成效。

控制变量中，粮食价格对其是正向影响，其原因是粮食价格越高，农户土地经营的收益越大，租入土地积极性就越大。农业补助对 10 亩以下的影响是正向的，对 10 亩以上的影响是负向的；其原因是政府补助的额度是有限的，其并不能抵消大规模租入的成本，因而对于大规模租入农户来说并没有起到正向作用，相反对于小规模租入农户却能大部分抵消其成本，因而促进了小规模租入农户的积极性。机械化率对租入面积在 5~10 亩农户的影响是负的，对 10 亩以上农户的影响是正向的，由于小规模农户机械化成本比大规模农户要高，机械化程度越高对租入面积的需求越大。其他控制变量与前部分分析基本一致，不再赘述。

表 7-7　　　　　　　　农地确权对土地租入面积的影响

	3~5 亩样本	5~10 亩样本	10 亩以上样本
确权	0.048 *** (0.013)	-0.044 ** (0.021)	0.112 ** (0.063)
年龄	0.001 (0.001)	-0.002 ** (0.001)	0.003 (0.003)
性别	0.012 * (0.008)	0.019 * (0.019)	0.006 * (0.044)
受教育程度	-0.005 (0.007)	0.025 * (0.013)	0.075 * (0.040)
婚姻	-0.021 (0.013)	-0.039 ** (0.015)	0.085 * (0.058)

续表

	3～5亩样本	5～10亩样本	10亩以上样本
劳动力占比	-0.021 (0.016)	-0.033 (0.024)	0.104 (0.067)
土地转入价格	-0.008*** (0.002)	-0.010*** (0.003)	-0.077*** (0.012)
是否为个体经营者	0.030 (0.026)	0.184*** (0.031)	0.342** (0.114)
农业补贴	0.007*** (0.002)	0.009*** (0.003)	-0.029*** (0.010)
固定资产投资额	0.002* (0.001)	-0.003 (0.002)	0.031*** (0.006)
村土地流转率	0.003 (0.007)	-0.075*** (0.009)	0.076 (0.884)
村年均土地收入	0.003 (0.003)	0.001 (0.004)	-0.022** (0.008)
机械化率	0.001** (0.000)	-0.001*** (0.000)	0.002*** (0.001)
粮食价格	0.073*** (0.025)	0.042 (0.044)	0.315** (0.134)
地形：平原（是=1，否=0）	0.111** (0.054)	0.250*** (0.043)	0.083 (0.094)
丘陵（是=1，否=0）	0.133** (0.051)	0.237*** (0.045)	0.269*** (0.080)
山地（是=1，否=0）	0.070 (0.051)	-0.198*** (0.044)	0.092 (0.096)
高原（是=1，否=0）	0.135** (0.054)	-0.279** (0.057)	0.891*** (0.227)
交通条件：水泥路（是=1，否=0）	0.028* (0.071)	0.016 (0.022)	-0.368*** (0.087)
土路（是=1，否=0）	0.014 (0.009)	0.001 (0.013)	-0.154*** (0.053)
时间：2013（是=1，否=0）	0.022 (0.018)	0.019 (0.028)	-0.012 (0.090)
2015（是=1，否=0）	0.005 (0.021)	-0.029 (0.034)	0.033 (0.109)

续表

	3~5亩样本	5~10亩样本	10亩以上样本
常数	1.339	2.498	2.558
R^2	0.186	0.187	0.309
Prob > F	0.000	0.000	0.000
N	837	732	650

注：***、**、*分别表示在1%、5%、10%的水平上显著。

（三）确权对土地规模经营的影响

"规模经营是将分散的土地集中起来，这个过程中土地流转是否能顺利进行直接影响规模经营"（李博伟，2014）。通过对租入土地的回归分析得出确权促进了租入土地面积的扩大，特别是对10亩以上的土地面积影响显著。但是土地规模经营还受农户自家承包耕地面积的影响。农地确权后种植大户是否在原有土地上扩大土地规模，或者小规模农户在原有土地上有没有增加耕地面积，政府通过土地确权实现农业规模化经营的政策目标是否初见成效？需要我们进一步证实。为了验证确权对土地规模经营的影响，本书将农户实际耕种面积（承包耕地面积加上从农户租入土地面积减去转出面积）作为因变量，来衡量农户的土地规模经营。回归结果见表7-8。

模型1回归结果表明，确权使农户土地经营规模显著提高了3.9%。对于5~10亩的样本，模型2~4的结果表明确权并未促进其规模经营。对于10亩以上的样本，模型5的结果表明确权使农户土地经营规模显著提高了10.4%；模型6引入确权与农户农业固定资产投资的交互项，与未确权村相比，确权村农户农业固定资产投资额每增加1%，农户土地经营面积将增加0.3%，该结果验证了确权稳定了转入户土地规模经营投资预期，促使转入户增加土地关系专用性投资，使其扩大土地规模经营。模型7引入了确权与土地转入价格的交互项，与未确权村相比，确权村土地转入价格每增加1%，农户土地经营面积将增加1.1%，该结果验证了确权稳定了转出、转入户土地流转的投资预期，推动转入户扩大土地规模经营。

控制变量对土地规模经营的影响符合预期。其中，在个人特征变量中，受教育程度越高，对土地规模在 10 亩以上的影响越大；婚姻状况与土地规模经营也同方向变化。家庭特征变量中，农业补助、土地转入价格、农用固定资产投资额对农户土地规模经营产生正向影响；村级特征变量中，土地流转率、土地产出、机械化率与粮食价格显著的影响土地经营规模的大小。粮食价格与土地经营规模大小呈负相关，这可能与农户土地种植对象相关，除了种植粮食农户还会种植瓜果蔬菜，说明土地利用的多样化。单位土地面积产量对土地规模化的影响是正的，说明土地产量越高，农户收益越高，越有利于农户土地规模经营（见表 7-8）。

表 7-8　　　　　　　　农地确权对土地规模经营的影响

	全样本	5~10 亩样本			≥10 亩的样本		
	(1)	(2)	(3)	(4)	(5)	(6)	(7)
确权	0.039 *** (0.010)	-0.007 (0.006)	-0.017 ** (0.008)	-0.010 * (0.006)	0.104 *** (0.024)	0.096 *** (0.027)	0.063 ** (0.022)
确权×固定资产投资额	—	—	0.003 ** (0.001)	—	—	0.003 (0.005)	—
确权×土地转入价格	—	—	—	0.004 (0.005)	—	—	0.011 *** (0.000)
年龄	-0.005 *** (0.000)	0.001 (0.000)	0.001 (0.000)	0.001 (0.000)	-0.002 * (0.001)	-0.003 ** (0.001)	-0.003 *** (0.001)
性别	-0.001 (0.009)	0.007 (0.006)	0.007 (0.006)	0.007 (0.006)	-0.001 (0.021)	-0.014 (0.019)	-0.019 (0.018)
受教育程度	0.006 (0.006)	-0.011 ** (0.004)	-0.011 ** (0.004)	-0.011 ** 0.004	0.035 ** (0.015)	0.060 *** (0.013)	0.062 *** (0.013)
有无配偶	-0.021 ** (0.009)	0.019 ** (0.006)	0.019 ** (0.006)	0.019 ** (0.006)	0.031 (0.036)	0.046 ** (0.021)	0.040 * (0.021)
务农时间	0.031 *** (0.001)	0.002 *** (0.001)	0.003 *** (0.000)	0.003 *** (0.001)	-0.013 *** (0.003)	-0.067 ** (0.002)	-0.007 ** (0.002)
年均农业产出	0.027 *** (0.001)	0.027 *** (0.012)	-0.001 (0.001)	-0.001 (0.001)	0.003 (0.003)	0.002 (0.002)	0.003 (0.002)

续表

	全样本	5~10 亩样本			≥10 亩的样本		
	（1）	（2）	（3）	（4）	（5）	（6）	（7）
是否为个体经营者	-0.064 *** (0.017)	0.002 ** (0.001)	0.028 ** (0.011)	0.027 ** (0.011)	-0.134 ** (0.051)	-0.100 ** (0.036)	-0.012 *** (0.033)
农业补贴	0.074 *** (0.001)	0.083 *** (0.002)	0.002 ** (0.001)	0.002 ** (0.001)	0.010 (0.006)	0.006 ** (0.003)	0.007 ** (0.003)
土地转入价格	0.138 *** (0.002)	0.004 *** (0.001)	0.083 *** (0.002)	0.080 *** (0.004)	0.042 *** (0.004)	0.094 *** (0.004)	0.063 *** (0.064)
固定资产投资额	0.036 *** (0.001)	0.004 *** (0.001)	-0.002 *** (0.001)	0.004 *** (0.001)	0.015 *** (0.003)	0.007 (0.005)	0.008 ** (0.002)
村土地流转率	-0.014 *** (0.001)	-0.002 ** (0.001)	-0.002 ** (0.001)	-0.002 ** (0.001)	0.049 *** (0.005)	0.053 *** (0.003)	0.050 *** (0.003)
村年均土地收入	1.06 *** (4.32)	-0.001 (0.001)	-0.001 (0.001)	-0.001 (0.001)	-0.008 (0.005)	0.004 (0.004)	0.004 (0.004)
机械化率	0.000 *** (0.000)	-0.001 ** (0.000)	-0.001 ** (0.000)	-0.001 ** (0.000)	0.004 *** (0.000)	0.004 *** (0.000)	0.004 *** (0.000)
粮食价格	-0.021 (0.022)	0.038 *** (0.012)	-0.037 ** (0.012)	-0.037 ** (0.012)	-0.072 ** (0.036)	-0.266 *** (0.045)	-0.239 *** (0.044)
地形：平原（是 = 1，否 = 0）	1.054 *** (0.106)	0.088 *** (0.016)	0.089 *** (0.016)	0.089 *** (0.016)	0.174 (0.141)	-0.493 (0.565)	-0.491 (0.562)
丘陵（是 = 1，否 = 0）	0.972 *** (0.105)	0.074 *** (0.016)	0.074 *** (0.016)	0.073 *** (0.016)	0.610 *** (0.144)	-0.106 (0.566)	-0.110 (0.563)
山地（是 = 1，否 = 0）	1.061 *** (0.106)	0.043 ** (0.017)	0.044 ** (0.017)	0.040 ** (0.017)	0.608 *** (0.146)	-0.117 (0.571)	-0.117 (0.568)
高原（是 = 1，否 = 0）	-14.69 *** (1.87)	0.042 ** (0.019)	0.042 ** (0.019)	0.041 ** (0.019)	-0.832 *** (0.151)	0.204 (0.576)	0.191 (0.573)
交通：土路（是 = 1，否 = 0）	0.051 *** (0.005)	0.003 (0.019)	0.003 (0.003)	0.003 (0.003)	0.094 *** (0.165)	0.073 *** (0.011)	0.067 *** (0.010)
砂石路（是 = 1，否 = 0）	0.108 *** (0.005)	0.011 *** (0.002)	0.010 *** (0.002)	0.011 *** (0.002)	0.088 ** (0.011)	0.073 *** (0.007)	0.066 *** (0.006)
时间：2013（是 = 1，否 = 0）	-0.222 *** (0.010)	0.015 ** (0.006)	0.013 * (0.007)	0.013 * (0.007)	-0.12 (0.020)	-0.018 (0.021)	-0.020 (0.020)
2015（是 = 1，否 = 0）	-0.141 *** (0.012)	0.033 *** (0.007)	0.030 *** (0.008)	0.030 *** (0.008)	0.051 * (0.026)	0.047 (0.027)	-0.042 (0.026)
常数	0.001	1.883	1.896	1.888	1.79	2.905	2.931
Prob > F	0.000	0.000	0.000	0.000	0.000	0.000	0.000
R^2	0.338	0.337	0.338	0.338	0.323	0.366	0.366
N	34 609	8 186	8 186	8 186	3 779	3 779	3 779

注：*** 、** 、* 分别表示在1%、5%、10%的水平上显著。

我国东中西部地区人均耕地面积、农业劳动生产率、经济发展水平差距较大，平原、山地、丘陵、高原和盆地等地形复杂，分类回归结果表明确权对我国不同地区、不同地形农户规模经营影响具有较大差异性。为了控制地区、地形对农户土地规模经营的影响，我们选择东部平原地区 6 886 个样本进行回归，结果见表 7 - 9。模型 1 回归结果表明，确权使农户土地经营规模显著提高了 10.9%。模型 2 引入确权与农户农业固定资产投资的交互项，与未确权村相比，确权村农户农业固定资产投资额每增加 1%，农户土地经营面积将增加 1.6%，该结果验证了确权稳定了转入户土地规模经营投资预期，促使转入户增加土地关系专用性投资，使其扩大土地规模经营。模型 3 引入了确权与土地转入价格的交互项，与未确权村相比，确权村农户土地转入价格每提高 1%，农户土地经营面积将增加 2.7%，该结果验证了确权稳定了转出、转入户土地流转的投资预期，推动转入户扩大土地规模经营。

表 7 - 9　　　　　　　东部平原地区农地确权与土地规模经营

	模型 1	模型 2	模型 3
确权	0.109 *** (0.023)	0.107 ** (0.042)	0.098 *** (0.036)
确权 × 固定资产投资额	—	0.016 * (0.009)	—
确权 × 土地转入价格	—	—	0.027 ** (0.013)
年龄	− 0.005 *** (0.001)	0.001 * (0.001)	0.001 * (0.001)
性别	0.008 (0.018)	− 0.001 * (0.034)	− 0.001 * (0.034)
受教育程度	0.006 (0.013)	0.001 * (0.025)	− 0.001 * (0.025)
婚姻	− 0.011 (0.022)	0.042 * (0.040)	− 0.041 * (0.040)

续表

	模型 1	模型 2	模型 3
务农时间	0.039 *** (0.002)	0.007 * (0.004)	0.006 * (0.004)
年均农业产出	0.030 *** (0.002)	0.001 * (0.004)	0.001 * (0.004)
是否为个体经营户	0.070 ** (0.030)	0.073 (0.099)	0.072 (0.098)
农业补助	0.075 *** (0.003)	− 0.015 ** (0.006)	− 0.014 ** (0.006)
土地转入价格	0.124 *** (0.005)	0.058 *** (0.007)	0.039 *** (0.008)
固定资产投资额	0.034 *** (0.003)	0.001 (0.007)	0.012 ** (0.004)
村均亩租金	0.001 (0.004)	0.118 *** (0.018)	0.122 *** (0.017)
村年均农业收入	0.068 *** (0.004)	− 0.161 *** (0.026)	− 0.160 *** (0.026)
机械化率	− 0.002 *** (0.000)	− 0.001 ** (0.009)	− 0.001 ** (0.001)
粮食价格	− 0.369 *** (0.025)	0.519 ** (0.222)	0.559 ** (0.225)
交通：土路（是 = 1，否 = 0）	0.122 *** (0.010)	− 0.027 (0.027)	− 0.027 (0.026)
砂石路（是 = 1，否 = 0）	0.263 *** (0.012)	0.054 ** (0.017)	0.056 ** (0.017)
时间：2013（是 = 1，否 = 0）	− 0.063 *** (0.020)	− 0.009 (0.046)	− 0.015 (0.046)
2015（是 = 1，否 = 0）	0.057 ** (0.025)	− 0.075 (0.058)	− 0.075 (0.058)
常数	0.895	2.370	2.284
Prob > F	0.000	0.000	0.000
R^2	0.4749	0.3402	0.3447
N	6 886	689	689

注：*** 、** 、* 分别表示在 1%、5%、10%的水平上显著。

（四） 模型稳健型检验

变量内生性问题影响模型回归结果的稳健性，测量误差、互为因果、遗漏变量和模型形式误设等导致变量内生性问题。本书主要考察确权对土地流转和土地规模化经营的影响，回归结果表明确权试点村的选择遵循了代表性和普遍性的原则，因此本书所研究的样本中"选择性"确权并不是一个严重的问题，也就是说确权与土地流转、土地规模经营之间不存在互为因果关系。土地转出、转入价格与土地转出、转入面积之间也不存在互为因果的关系，因为农业生产周期较长，土地流转合同绝大多数都在3年以上，规模经营的农户签订的土地转入合同大部分都在5年以上，而我们的实验数据在2011～2015年。由于农业生产周期、土地固定资产投资周期较长，固定资产投资与农户土地规模经营之间也不存在互为因果的关系。此外，本书从个人特征、家庭特征和社区特征三个层面选择影响土地流转和土地规模经营的变量，尽可能避免遗漏变量问题。

五、研究结论

农地确权清晰界定了政府、村集体和农户关于土地权利边界，限制了政府和村集体凭借土地所有权而享有的农地剩余控制权，保障了土地转出、转入农户、种植大户对土地剩余的索取权，保障了土地流转市场主体的自由选择权和自由签约权，稳定了土地转出户、土地转入户、种植大户的土地投资预期，增加了转入户、种植大户土地关系专用性投资，势必推动土地投资和土地规模经营。

本书基于中国健康与养老调查2011年、2013年和2015年数据，验证了确权影响土地流转投资、土地关系专用性投资，进而影响土地规模经营的机制。研究发现：第一，确权推动了农户土地转出，确权使农户土地转出面积平均提高了2%；农户土地转让价格平均提高了28.3%；农户转让土地的意愿提高了9.3%。第二，确权对各类农户土地转入面积的影响具有差异性。对于租入面积为 3~5 亩的农户，确权使得这类农户土地转入面积增加了 4.8%，表明确权提高了农户务农的积极性，并增加土地转入；转入面积为 10 亩以上的农户，确权使这类农户土地转入面积增加了 11.2%，这表明确权稳定了种植大户的生产预期，提高其扩大农业经营规模的积极性，推动了大规模土地流转；转入面积为 5~10 亩的农户，确权使得这类农户土地转入面积减少了 4.6%，一种可能的解释是土地确权使转入户发生分化，原有的种植大户大幅度扩大土地经营面积，导致中等规模农户的转入下降。第三，确权推动了农户土地规模经营，并对种植大户的影响更为显著。全样本进行回归结果显示确权显著使农户土地经营规模提高 3.9%。分类回归结果表明，对于经营面积 5~10 亩的农户，确权并未推动该类农户土地经营规模；对于经营面积 10 亩以上的农户，确权使农户土地经营规模提高 10.4%；这表明土地确权，稳定了转出户和转入户的投资预期，扩大了农户土地经营规模，尤其对种植大户的影响力更强。第四，确权与农户固定资产投资交互项回归系数表明，与未确权村相比，确权村农户固定资产投资促进了土地规模经营，验证了确权通过增加转入户土地关系专用性投资，进而影响土地规模经营的机制。确权与土地转入价格交互项的回归系数表明，与未确权村相比，确权村土地流转投资促进了转入户土地规模经营，该结果验证了确权稳定了转出、转入户土地流转的投资预期，推动转入户扩大土地规模经营。第五，地区、地形差别是影响土地规模经营的重要因素，本书选择东部平原地区 6 886 个样本，控制了地区、地形差别对土地规模经营的影响，回归结果表明确权对东部平原地区农户土地规模经营的影响显著，影响力系数为 10.9%。交互项回归结果也验证了确权通过影响农户土地流转投资、土地关系专用性投资，进而影响转入户土地规模经营的机制。

本书研究的局限，中国健康养老调查数据调查是 45 岁以上中老年家庭，这部分样本的家庭劳动力大部分退出非农劳动力市场而回家务农或兼业，这类样本家庭的农地投资和规模经营有一定的局限性。

第八章

土地确权影响农户收入的实证研究

农地剩余控制权的错配扭曲了农户的土地关系专用性投资、土地流转投资和非农就业的稳定性，成为农户收入稳定持续增长的重要障碍。为了探讨农地确权对农民收入增长的影响，我们建立了一个不完全契约—剩余控制权—农户收入理论分析框架，并在此框架下利用中国健康与养老追踪调查 2011 年农户调查数据，评估农地确权对农民增收的政策效果。研究发现，农地确权将农地的剩余控制权配置给农户，保障了农户土地关系专用性投资权益，从而增加了农户的经营性收入；保障了农户的土地流转投资权益，增加了耕地转出户的租金收入和耕地转入户的经营性收入；显著提升了农户非农就业的稳定性，增加了农户的工资性收入。政策含义在于将农地的剩余控制权配置给投资决策相对主要的一方（农户）是更有效率的，要充分释放农地确权的制度红利，建立我国农户收入增长的长效机制。

一、乡村振兴战略背景下农户收入增长的紧迫性

2017 年 10 月 18 日，习近平同志在党的十九大报告中提出，农业农村农民问题是关系国计民生的根本性问题，必须始终把解决好"三农"

问题作为全党工作重中之重，实施乡村振兴战略。乡村振兴战略就是坚持农村优先发展，按照实现产业兴旺、生态宜居、乡风文明、治理有效、生活富裕的总要求，推动城乡一体、融合发展，推进农业农村现代化，最终体现为农民收入显著、稳定和持续的增长。党的十八大针对增加居民收入提出了具体要求，到 2020 年城乡居民收入要比 2010 年翻一番。

改革开放以来，我国农民收入有较大提高，人均收入由 1978 年的 134 元提高到 2017 年的 13 432 元，增幅达约 100.2 倍。虽然 2017 年农村居民人均可支配收入实际增速快于城镇居民人均可支配收入 0.8 个百分点，但是，从长期来看，与城镇居民增收（人均收入 1978 年为 343.4 元，2017 年为 36 396 元，增幅达约 106 倍）相比，农村居民增收速度依然缓慢，收入水平依然偏低，城乡之间、地区之间的收入差别依然严峻。与此同时，农村贫困的解决之路任重道远，截至 2017 年末，中国农村贫困人口仍达到 3 046 万人，保持农民收入快速稳定增长是完成政府脱贫攻坚战略的关键，是实现乡村振兴的重要标志。

农村土地确权是影响农民收入增长的重要因素。2013 年农村土地确权（简称农地确权），清晰界定了政府、村集体和农民的土地权利边界，保障了土地转出、转入方的权益。2016 年 10 月，中共中央办公厅、国务院办公厅印发了《关于完善农村土地所有权承包权经营权分置办法的意见》，将土地承包经营权分为承包权和经营权，实行所有权、承包权、经营权（以下简称"三权分置"）并行，保障了土地转入方的权益。2017 年 10 月，全国人大常委会审议了《农村土地承包法修正案（草案）》，以法律的形式界定承包地权利。"三权分置"和承包法修正案是农地确权的延续和完善。自 1978 年承包制改革以来，农地确权是农地制度领域最大、最深刻的一次制度变革必然对农民收入产生重要影响。

从收入构成的角度看，农户收入包括家庭经营收入、工资收入、财产性收入和转移性收入。农村土地确权主要通过三条路径影响农民收入：一是农村土地确权改善了土地承包契约的不完全特性，对农户的土地关系专用性投资形成了正向激励，增加了农户的家庭经营性收入；二是农村土地确权通过改善土地承包契约的不完全特性，使得土地流转的风险大大降低，土地流转比例增加，土地转入户由于规模经济效应而增加家庭经营性收入，转出户通过转让土地经营权而增加租金收入；三是农村土地确权使得更多小农户将土地转出，引导和帮助他们从事农业打工、非农就业等生产活动，从而增加小农户工资性收入。

二、影响农民收入增长因素的相关理论分析

（一）收入分配的相关理论分析

1. 费希尔对收入的定义

费希尔（1930）从消费的角度曾对收入作了精辟的界定。他认为由于衡量上的困难，收入演变成三个不同的阶段：最终的收入产生于人们各种精神感受的内心事件，是"个人精神上的体验"，是"人类的享受"，这里收入完全等价于心理效用，以及个人的福利水平，是最完整意义上的收入评价；由于享用的收入是心理上的实体，无法直接衡量，从最终的精神收入水平往后退一步，便由所谓引起内部享受的外部世界中最后物质事件所构成的"实际收入"来间接求得一个精神收入的近似值，包括报纸的阅读、衣服的穿着、食物的享用等事件；同样的，实际收入也存在无法直接衡量的困难，再往后退一步，收入便成为"生活费用"—用货币计算的实际收入。

Fisher（1930）认为，从生产的角度收入表现为个人所拥有的生产要素禀赋（q_i）和相应的生产要素价格（p_i）的乘积（见公式1）。

$$I = \sum_{i=1}^{n} p_i \times q_i \qquad (8.1)$$

基于此，我们可以从中立即判断出影响收入分配或产生收入差距的两个主要原因：一是个人拥有的生产资源条件（要素禀赋）的不同；二是制度、市场和社会力量共同决定的生产要素价格的结构—称之为个人

的共同环境（Shorrocks，1996）。如果进一步往前推，将生产要素禀赋理解为最宽泛意义上的——所有能带来未来收入流的要素禀赋，那么除了传统经济学中劳动、资本、土地、企业家才能四大生产要素之外，影响收入分配的要素禀赋还包括外表、天赋、居住地、家庭背景、机会、运气、遗传、社会关系、政策……（黄祖辉，2007）。

根据费希尔（1930）对收入的定义，收入取决于个人所拥有的资产的数量（包括劳动、资本、土地、企业家才能、外表、天赋、居住地、家庭背景、机会、运气、遗传、社会关系、政策等）和资产价格，资产价格的形成受到制度、市场和社会力量共同作用。费希尔对收入的定义有一个基本的前提假设，该假设是建立在资本主义市场经济社会中，在这样的社会经济环境中个人有天赋人权，个人拥有私人财产，此外还拥有自由交易的贸易权利。在以私有制为基础的市场经济中，个人收入的形成首先要具有对资产的权利，其次要有从事贸易的权利，只有具备这两个条件，收入才有可能形成。而在我国社会转型阶段，以上这些权利都是十分模糊或在逐步实现的，我国市场经济取向的改革实质上就是不断地赋予市场主体这两个基本的权利。鉴于此，本书认为权利对于市场经济国家尤其是对于我国这个转型的经济体尤其重要，因此，引用阿玛蒂亚·森的权利分析方法分析收入差距使得对我国收入差距的分析更加贴近现实。

2. 功能分配理论

（1）剩余、分配和增长——从古典学派到马克思

功能分配的研究起源于古典经济学派，讨论了劳动、土地和资本等生产要素的收入分配，即收入的功能性分配。它旨在说明各种要素的价格形成，各个要素在国民收入中的份额、工资率、利润率和积累问题，它把劳动者作为一个整体，讨论其与资本、土地所有者对要素的分割，而不讨论劳动者间的收入分配，因此，功能性分配理论关注的对象是宏观经济，它也可以称为宏观分配理论。

古典经济学家是从经济"剩余"和社会阶级是如何分配剩余入手

的。剩余就是在人们经济活动后，其成果扣除消耗所多出的部分，可称为收益、增加值、国民生产净值或国民收入等，出现剩余后是如何分配的。亚当·斯密对报酬的分类是："工资、利润和地租是一切可交换的三个根本来源"，收入的三个来源也就是对剩余的分割，三个来源背后所代表的所有者是，劳动的所有者工人，资本的所有者资本家，土地的所有者地主。大卫·李嘉图在其《政治经济学及赋税原理》一书序言中，认为"确定调节这种分配的法则，是政治经济学的主要问题"。古典经济学家极其重视收入的来源和分配的决定。英国经济学家威廉·配第为劳动价值论提出了基本命题，而后斯密和李嘉图才形成了古典经济学的劳动价值论，他们始终在探讨剩余的来源问题。但是，正如马克思所指出的，李嘉图的价值体系不能解决两大难题：第一个困难是资本和劳动的交换如何同价值规律相符合。第二个困难是等量资本，无论他们的有机构成如何，都提供相等的利润，或者说，提供一般利润率，从而无法形成准确而完整的价值理论，因此也无法形成完整的分配理论。古典经济学研究分配的另一个主要方面是希望通过分配来促进经济增长，因此他们对最低工资、利润、积累与增长的关系讨论给予了足够的重视。

马克思继承了古典学派的传统，科学的解决了剩余来源问题，指出了只有劳动能创造剩余价值，科学的分析了社会各个阶级是如何分配剩余价值的。劳动产品是由生产资料消耗、必要劳动和剩余劳动组成（C＋V＋M），其中C是生产资料消耗，是转移价值；必要劳动是补偿工人劳动力再生产所需的生活资料部分，而M是剩余劳动。劳动成果的分割首先在资本家和劳动者之间进行，劳动者获得V，资本家获得剩余价值，剩余价值再被分割为地租、利润和利息。剩余价值是由劳动创造的，剩余价值分割是各种财产所有权斗争的结果。马克思关于资本主义的宏观分配理论是非常丰富的，包括：工资争议问题，即阶级力量对比对工资和利润分割的有限；积累理论，把资本主义积累看作是自变量，分配只能跟随积累的要求，从而揭示了资本主义积累规律，分析了收入分配两极化的趋势；产业后备军理论，提出了在劳动市场上劳动力的供给水平是过剩的，实际工资是最低工资等。马克思经济学理论对后来的社会主义实践以及对在世界范围内的经济分析和实践都有着广泛的影响。

（2）要素价格形成理论——新古典学派

到 19 世纪 70 年代，发生了边际革命，其代表人物是杰文斯、瓦尔拉斯、门格尔，他们的著作标志着从古典学派向新古典学派的转变。边际主义的新的注意中心完全转向微积分的数学方法以及由它引申出来的最大化最小化目标。他们颠倒了古典的因果秩序，用个人主观效用理论替代古典理论中社会各个阶级对他们的土地、劳动和资本的绝对个人所有权理论。用边际效用论来解释要素价格的形成，用稀缺来解释价值的决定。功能性收入分配被新古典的主流经济学家纳入经济中各经济要素的价格形成过程，认为这些要素的价格是被市场同时决定的。

新古典理论为了完整地说明国民收入中的要素分配，索洛从柯布—道格拉斯生产函数入手，发展出了总量生产函数，奠定了所谓新古典的要素价格形成的核心。$Y = a + blnlabor + clnK$，其中 $labor$ 代表劳动，K 代表资本，式中的 b 代表工资份额，c 代表利润份额。生产函数理论还进一步分析了技术进步对劳动和资本相互替代的理论，此外还将人力资本等多因素加入到模型中去，进行分析，提出所谓新要素。在实证方面，博尔雷对 1890～1913 年英国功能收入分配进行了经验分析，得出劳动份额不变的结论，这就是博尔雷法则。第二次世界大战后，相关份额不变性开始受到怀疑。库兹涅茨（1955）提出了增长的两个阶段。在资本短期和非熟练劳动力剩余的第一阶段，资本份额上升。在第二阶段劳动份额上升。卡米勒·达格穆（1988）进一步证实了以上的结论。

（3）分配与增长的相关理论

自 20 世纪 50 年代后期起剑桥学派曾对边际生产力分配理论进行了猛烈的攻击，罗宾逊以资本无法简单加总反对边际生产力理论。1959 年卡尔多创立了一个独立于边际生产力原则之外的分配理论，他重新回到李嘉图按阶级划分的宏观分配理论，运用凯恩斯创造的乘数原理研究了就业和分配。卡尔多分配模型首先划分工人和资本家，他们在国民收入

（Y）中分别占有工资（W）和利润（P），储蓄又分成工人的储蓄倾向（Sw）和资本家的储蓄倾向（Sp），根据 $I = S$，从而推导出：$P/Y = I/(Sp - Sw) \times I/Y - Sw/(Sp - Sw)$。在假定工人无储蓄，这样我们就可以看出国民收入中的利润份额 P/Y 是投资量 I/Y 的比率函数，只要经济增长就会是分配有利于资本家。卡尔多模型强调了资本家投资对国民收入的决定作用，而总收入的增长又有利于资本家，这种不合理的分配格局需要改变才能够保持长期均衡，导致充分就业，该研究旨在说明国家干预的重要性。在卡尔多模型中工人没有储蓄的假定是不现实的。在后来的实践中，特别是"二战"后，大量的材料证明劳动者储蓄份额占国民储蓄份额的比例提高非常迅速，成为总储蓄的主要部分，引出很多学者对该模型提出了批评，认为传统的两个阶级划分储蓄的方法在现实中是无效的（杨坚白，1990；胡寄窗，1988）。

1955 年，库兹涅茨提出了收入分配差距"倒 U 假设"。即在经济发展过程中，收入分配差距的长期变动轨迹是"先恶化、后改进"，即在前工业向工业文明过渡的经济增长早期阶段，收入分配差距迅速扩大，尔后是短暂的稳定，然后在经济增长的后期阶段，收入分配差距逐渐缩小。以人均财富增长为横坐标，以人均财富分配为纵坐标，二者关系遵循倒 U 形曲线规律（如图 8－1）。

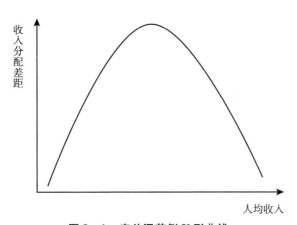

图 8－1　库兹涅茨倒 U 形曲线

3. 个人收入分配理论

个人收入分配理论源于帕累托，他探讨了家庭、个人等经济单位的收入分配，分析了家庭、个人等经济单位的社会特征对收入分配的影响。他研究每一经济单位所得到的收入，而忽视生产要素的分配权利，着重于经济单位在分配后的相对地位的研究，旨在解释微观经济单位中的收入分配形成的特征和与此相关的收入不平等的测量。

（1）内生决定模式的收入理论

人力资本理论最早来源于个人能力决定收入差异的理论。以个人能力决定收入差异的理论是最古老的理论，它的发展主要来自法兰西斯·卡尔顿，他测算了工人工作效率的差别，依照工作能力差别来决定工人的收入差别。该理论认为能力（包括脑力和体力）的分布是正态的，就像人的身高体重一样是正态的。从而引申出收入差异也是正态的，但并没有得到统计资料上的支持。帕累托的经验分析发现，收入分配的分布不是正态的，而是对数性正态，向右偏斜。而后大量的学者研究了能力与收入分配的关系，有的认为继承财富导致偏移，等等，其中最突出的理论发展是人力资本理论，认为收入差异来自后天学习所获得的人力资本的差异，而不是能力论中的天生能力决定收入差异。

有关人力资本投资对收入影响的研究越来越多，研究更为精确化，人们采用各类实证模型分析教育回报率，分析每个教育组内收入差异和教育组间的收入差异，并强调了市场需求对教育收益率和教育评价的影响。峻汉等的分析，认为 20 世纪 60 年代同一教育组内的不平等是稳定或下降的，但此后到 20 世纪 90 年代都是上升的。从时间序列上看，教育导致的工资差异在 20 世纪 60 年代后期都是在提高的，其中教育组间增长了大致 30%，组内增长了 50%，原因主要是来自产业结构变动导致对受教育者的需求变化。人力资本对收入分配的作用，更简单的模型为教育收益率分析，这已经成为世界各国普遍利用的分析工具。1988 年李实根据中国社会科学院经济研究所数据计算了中国城市教育收益率为5%，1995 年为 8%（李实，1997）。

现代人力资本—收入理论在以下几个方面仍需做大量研究，一是教育收益中，教育投资与未来收入预期联系中的贴现率的分析，这就是后面要研究的所谓"生命周期收入"；二是教育背后的机会、制度结构等"讨论机会平等"问题；三是现代人力资本理论是不完整的，它仅仅关注了教育投资、工作经验等对收入的影响，而学校学习只是一个窗口，意识形态、个人能力的培养等难以纳入。收入差异受到更多因素的影响，如非正规教育、市场供应影响等，总之，至今仍缺少完整的工具来描述和分析人力资本的收益。

生命周期收入理论在战后得到了全面的发展，莫迪格里安尼对生命周期中的劳动收入与财产性收入做了杰出的描述，此后很多经济学家都对生命周期可能引起的各个年龄组收入差异进行了分析和实证，主要集中在老年人与年轻人之间产生的收入不平等上面。赵人伟研究了中国城市 20 年工资冻结对生命周期收入的影响，指出 20 年工资冻结，使得在这一时期应获得的相应高收入的年轻人没有获得相应收入，在结束冻结工资后，他们已经到了退休年龄，收入下降，导致了不同年龄组人的收入分配的不公。另一方面，有些学者从生命周期收入入手分析财产收入的作用，发展了遗产对收入作用的模型。

人力资本、生命周期理论都是从劳动供给角度讨论收入的决定，他们都与收入函数密不可分。所以收入函数是指劳动者自身的特征所决定的，包括与人力资本变量高度相关联的教育和工作年限，与生命周期相连的年龄，而且在更大范围内讨论了劳动者供给特征与收入决定的关系，加入性别、居住区域、种族、职业、行业和雇佣企业类型等很多变量。收入函数具体模型形式：

$$Y = a + \sum b_i \times X_i + \varepsilon \tag{8.2}$$

式（8.2）中，Y 为劳动者单位时间收入，x_i 为劳动者社会特征的哑变量；ε 为随机误差项；a 为常数项；b_i 为在其他所有变量假定不变的情况下，社会特征变量对收入的贡献，如教育分为大学、中学和小学为基准省略变量，则大学的系数是指受过大学教育的劳动力比小学劳动力收入高（低）多少，同理可知道受过中学教育的劳动力比小学劳动力的收入高（低）多少。

人力资本、生命周期、性别差异等大量的劳动力特征对收入的影响仅仅是从供给角度分析了收入的内生决定作用。但早在古典学派时期，人们一直都在分析劳动力需求对收入的决定，如马克思最为著名的产业后备军理论，直接分析了资本积累对劳动力需求的特点，后来马歇尔着重研究了劳动力市场上供求均衡对收入的决定作用，现代西方经济学也从产业结构、二元经济结构等多个角度分析了劳动力需求对收入的决定作用，联系需求和供给两个方面共同决定的研究现在仍是不成熟的，也无法取代以人力资本等为主要特征的收入函数分析，但结合需求变动无疑是非常重要的。

（2）外生决定的收入分配理论

机会不平等理论的发展来自两个方面。作为发达国家，主要研究的是现有制度下的机会歧视问题，如美国的讨论比较集中在种族方面，更为普遍地讨论教育机会不平等问题是穷人受教育机会和劳动力市场的性别歧视对收入差异的影响等。在发展中国家，由于市场分割严重、发展不均衡、二元经济结构等特征，机会不平等更是一个极为普遍和严重的问题。

相对于发达国家，发展中国家的机会不平等直接决定着收入差距，最为明显的就是二元经济结构，严重的城乡差别，使任何一个人只是由于他是处在城市还是在农村，其面临获得受教育和获得收入的机会差距很大。二元经济结构是发展中国家机会不平等的最重要的特征，其他很多歧视制度，如教育歧视、妇女歧视都与二元结构特征相联系。

传统经济分析，把二元经济结构仅仅作为经济发展不平衡的产物来研究，代表人物为刘易斯。他分析了劳动力剩余条件下的经济发展，而后拉尼斯、费景汉等人又做了进一步的分析他们的核心论点为：经济中存在着两个部门，一个是现代化部们，另一个是传统农业部门，由于生产率的差别，导致了两个部门的收入差别。现代化部门的收入明显高于传统部门，而在传统农业部门里，由于土地劳动产出率为零，因此在农村出现了大量剩余劳动力，需要向城市转移，劳动力转移过程就是发展中国家的现代化过程，也是收入均等化过程。二元经济结构理论侧重于经济结构的转型，却忽视了经济结构转型中的制度性因素。在这一理论出现后的数十年发展中国家的发展过程中，并未像理论分析的那样简单，反而出现"人口漂移"，即大城市中出现了巨大的贫民窟，城乡差别状况恶化，收入分配两级化等。仅仅从经济因素看，发展中国家的二元经济结构注定了劳动力市场的二元性，农村居民与城市居民难以享受同等的就业机会。仅从信息或交通费用上看，差异就是明显的，更进一步看由于城乡的经济差别，城乡居民所享受的社会福利差别也是巨大的，包括教育、卫生医疗等。这些人力资本提高方面的机会差异，又导致了进一步的就业机会和挣取收入能力的差别。

实质上，经济差异会引起制度上的差异，而制度上差异又固化甚至加剧经济的差异性。反思发展中国家发展过程中制度结构对发展的影响，成为总结发展中国家成败经验的重要议题。由于发展不平衡导致的制度上歧视结构，造成了劳动力市场上机会的严重不平等，收入差距不可能按库兹涅茨倒 U 形曲线所描述的那样自动缩小，而是出现了收入差异的两极化，贫困始终是发展中国家难以解决的问题。

研究发展中国家的个人收入问题，不得不涉及机会的不平等性探讨，从区域看主要是二元结构造成的城乡居民的机会不平等；从发展看，主要是工业部门发展的不平衡导致的就业机会的不平等，这一不平等又表现在各大区域间的就业机会不平等以及社会福利体系上的机会不平等。由于客观经济原因的不平等直接影响了与其相适应的制度上的不平等和歧视，如城市就业政策中的对农村劳动力的歧视，发达地区对不发达地区劳动就业者的歧视性政策，福利政策对弱小贫困团体的歧视性等。

收入再分配属于劳动者内生决定以外的调整，是一种外生决定收入差异的关键变量。它主要包括两个方面，一是税收方面；另一个是公共支出方面。在税收方面一般包括劳动所得的税收和财产所得税收两个部分，在税率上又有多种形式，如累进税等。在公共支出上包括公共商品支出、公共服务支出和转移支付三种主要形式。收入再分配直接涉及社会公正问题的讨论。从一般经济运营上看，主要功能是降低收入差异，但当出现过分损害效率时，调整公共政策则是非常必要的。这时强调的则是效率，方法是适当降低税率和减少公共支出，其结果是扩大收入差异。

再分配理论始终要研究的是分配效果和激励效果，经常要讨论收入再分配对效率和公平的影响。这些讨论都是基于市场不可能自动地调整收入分配，需要国家的干预才能实现比较公平的收入分配。但过多地强调了分配的公平性，又会损害市场对个人的激励，导致经济增长缓慢，因此再分配调整也是有代价的。

政治经济学的解释是强调反映在这一经济活动中的社会关系和经济关系。按照这一观点，生活在不同地区的集团或个人会利用他们掌握的资源来争取扩大自己的利益。例如当中央政府分配财政拨款或投资项目时，各地区政府都会千方百计争取较大的财政拨款份额或较多的投资项目，由于发达地区的国民经济比重相对于人口比重要高得多，且对中央决策具有较大的影响力，因而就能获得比例较高的（相对于人口比例）财政资源和投资资源。这种政治关系和社会关系是影响区域发展的重要因素，仅从地理学或经济学角度观察问题和分析问题是很难做出解释的。此学说的优势就在于，能够帮助人们透过表层现象看到纷杂事物的本质，在承认地区间互相依存、互相影响的同时，更深入分析这一特定的依存关系是如何影响、如何运作的。

以上概述了居民收入差距趋势理论、地区收入差距理论和个人收入差距理论。这些具有代表性的理论从某一个方面说明了产生收入差距的原因。虽然这些理论大部分产生在发达国家，存在着这样那样的不足，但对中国居民的收入分配差距也具有较强的解释力，因而本文将这些理论或学说作为本研究的理论基础。

（二）影响农民收入的相关研究综述

目前国内外学者关于农地制度、农业投资、土地流转、土地规模经营对农民收入的影响研究很多。以家庭联产承包责任制有利于维护社会稳定，但不利于生产要素的自由流动和资源优化配置（薛宝贵和何炼成，2014），尤其是土地要素，给农民财产性收入带来了极大的挑战。而农地确权保障了农地产权的稳定性（倪坤晓和谭淑豪，2017），稳定了农户产权预期，显著提高了农户的工资性收入和财产性收入（刘俊杰等，2015；冯政等，2015）。

农业投资在一定程度上也促进了农民的收入增长。比如张良等（2016）运用拓展的 C－D 模型研究了我国 1995～2011 年农业国内固定资产投资对全国及各地区农民收入的影响，研究发现农业国内固定资产投资能促进农民增收，农业机械动力、化肥施用量对农民收入有正向作用；周振等（2016）基于 2003～2008 年中国全部县级层面的面板数据也得到了类似的结论，农民收入关于农机总动力的弹性至少为 0.4。土地被频繁调整，制约了与特定地块相连的长期投资（许庆等，2005），降低农家肥的施用强度（陈铁等，2007），但稳定产权有利于农户长期投资以保护耕地（Awudu Abdulai et al.，2010；Gonne Beekman，2012；Xianlei Ma et al.，2013），农户从亲属转入的农地上的有机肥施用概率显著较高（郜亮亮和黄季焜，2011），确权促进了农户长期土地投资（黄季焜和冀县卿，2012）。但陈铁等（2007）和钟普宁等（2009）认为土地调整对农户长期土地投资的影响并不显著，针对研究分歧，石晓平等（2014）认为产权安全、投资类型的界定不同，以及方法和数据的缺陷均可导致研究结果差异。虽然黄季琨等（2012）提出确权影响农户土地长期投资，但还未有学者研究确权后土地剩余控制权的重新配置，对农户土地关系专用性投资激励的影响。

关于土地流转的增收效果，大多数文献都给予了积极评价。一类文献研究了土地流转对农户总收入或人均收入水平的影响。比如杨子等

（2017）、朱建军和胡继连（2015）、冒佩华和徐骥（2015）研究发现土地流转能显著提高农户家庭的总收入水平，李中（2013）基于湖南邵阳市跟踪调研数据的研究也有类似的发现，农村土地流转后参与农户同未参与农户相比，农户人均纯收入、非农务工人均纯收入和农村土地出租人均纯收入都明显增加了，史常亮等（2017）使用内生转换回归（ESR）模型估计了土地流转对农户家庭收入的影响，发现实际发生土地流转的农户通过土地流转使家庭总收入和人均收入分别提高了27.3%和33.3%。另一类文献研究了土地流转对农户不同类型的收入的影响。比如刘远风（2016）、戴宁格尔和金（Deininger and Jin，2005）、金和戴宁格尔（Jin and Deininger，2009）研究了土地流转对农业经营性收入的直接或间接影响，发现土地流转促进了农民增收，但土地流转的收入效应主要由土地财产实现机制、劳动分工优化机制产生，而土地资源优化机制、农业经营效率机制尚未充分发挥作用；张会萍和霍文娟（2015）分析了欠发达地区土地流转对农户家庭收入的影响，参与土地流转对农户外出务工收入具有正影响，而对农户农业经营性收入具有负影响。

土地规模经营也有利于提高农民收入。徐玉婷等（2016）考察了农地转入规模与农户农业收入之间的关系，发现农地转入规模与农业收入呈正向关系，但农地转入规模的经济收益率仅为2.9%，农地转入规模对农业收入的作用在不同区域、流转方式、农户类型之间有明显差异性；而杨渝红和欧名豪（2014）的研究发现农户平均收入水平随着转入规模增加呈现出先增加后降低的倒U形趋势，农地转入规模等级越大，其经济收益率却越低。

不完全契约理论是对科斯交易成本理论的重大发展，首先，哈特（1995）定义了不完全契约；其次，哈特和格罗斯曼（1986）不区分企业的所有权和控制权，将所有权定义为实施控制的权力，企业契约关系存在的关键在于缔约方谁拥有剩余控制权，取代了Coase（1960）产权理论中的剩余索取权；再次，由于信息不对称和事前交易谈判无效，剩余控制权决定缔约方关系专用性投资的事前、事后收益（Hart，1990）；

最后，剩余控制权是一种稀缺资源，一方购入剩余权利的同时，另一方就丧失了这种权利，剩余控制权的不合理配置导致投资扭曲，解释了纵向一体化的成本和收益来源（Hart，1986）。土地承包制具有所有权、控制权分置的特征，这与哈特不区分所有权和控制权的思想是一致的，因此，用不完全契约理论能较好地解释土地确权及其对农户土地关系专用性投资的影响。本书试图从剩余控制权的角度解释土地确权影响农户收入的机制。

与现有文献相比，本书主要存在以下五个方面的不同。第一，研究了土地确权后，剩余控制权影响土地关系专用性投资及农民土地经营收入的机制；第二，研究了剩余控制权影响农民土地流转投资及农民土地流转投资收益的机制；第三，本书考虑了在农户存在异质性的情况下，农户的生产行为选择差异，区分了农地确权对农户不同类型收入的影响；第四，现有研究限于农户家庭微观层面数据的获取，目前还没有文献对农地确权和农民收入之间的直接或间接关系进行普遍意义上的定量分析；第五，现有文献从土地产权制度、农业投资、土地流转与土地规模化经营等方面分别探讨了对农民收入的影响，事实上这几方面是一个有机整体，需要将其纳入一个统一的理论逻辑分析框架下来研究。本书基于不完全契约—剩余控制权的理论框架，探究了农地剩余控制权错配导致农户土地关系专用性投资扭曲、土地流转投资扭曲和非农就业的不稳定性，从而抑制农户收入增长的机制。

三、不完全契约视角下土地确权影响农户收入的理论分析

从收入构成看，家庭经营性收入、工资性收入、财产性收入和转移性收入是农民家庭收入的四大来源。对于从事种植业为主家庭而言，农业生产经营收入主导其家庭经营性收入。土地确权将土地的承包经营权进行确权颁证，长期稳定了农户的承包经营权，并赋予农户一定的财产权利。因此，相对于土地承包合同，确权颁证较为清晰的界定了政府、村

155

集体和农户间的土地权利边界，在一定程度上遏制了农村土地频繁调整、土地不合理征用等问题，保障了农民的土地权益。从不完全契约角度看，土地确权实际上是将土地承包合同中未规定清晰的权利进行重新界定，也是土地剩余控制权从村集体向农户的转移，农户在一定时期获得土地剩余控制权，这比较深刻影响农户的土地投资。首先，农户获得土地剩余控制权，将影响种植大户的土地关系专用性投资；其次，非农就业农户和兼业农户将扩大土地流转投资。这些投资行为都会推动农户收入增长；最后，土地确权赋予农户的财产权也在一定程度上增加农户的财产性收入。

（一）不完全契约视角下土地确权与土地投资

2013 年土地承包经营权确权登记颁证，是当前我国农村进行的重大制度改革，是我国土地管理制度的重要环节，是完善农村基本经营制度的必然要求。土地承包经营权确权登记颁证将着力解决承包地面积、四至、空间、登记簿等模糊问题，全面落实承包地块、面积、合同、权属证书到户，实现农民土地承包经营权清晰（赵阳等，2017）。农地确权使得土地产权强度增强，降低了交易成本，促进了土地流转（程令国等，2016）；农地确权通过提高地权安全性，促进了农户农业投资（许庆等，2017）。

目前国内外学者主要运用科斯的产权理论研究土地确权的原因及经济影响。确权之前土地产权模糊导致频繁土地调整，抑制土地流转市场健康发展；土地确权清晰界定了政府、村集体和农民的土地权利边界，实现农民土地承包地块、面积、合同、权属证书"四到户"，可以实现从土地所有权与承包经营权的"两权分离"到土地所有权、承包权、经营权"三权分置"的转换，这将对农村农业发展和农民收益增长产生重大影响（赵阳等，2017）。

不完全契约理论是对科斯产权理论的重大发展，哈特（1995）的不完全契约理论认为，不完全契约产生的剩余权利是一种稀缺资源，错误配置将导致投资扭曲。土地确权是在农村土地集体所有基础上实行所有权、承包权和经营权分置并行，因此，确权后我国农村土地制度仍具有不完全契约特征。根据哈特的不完全契约理论，确权清晰界定的特定权利并不重要，确权后的剩余权利是一种稀缺资源，农户承包经营土地的剩余权利包括土地流转期限、土地流转形式、土地流转收益分配方式、土地经营方式、土地经营收益分配等，这些剩余权利完全界定给土地投资决策相对重要的一方（农户），以推动其进行土地投资。

（二）土地确权、土地流转投资与农民收入

土地产权制度是影响农民收入的重要因素，现有学者利用科斯产权理论研究认为土地产权模糊造成土地流转不畅，阻碍了农户间土地流转，不利于土地转出户通过土地租赁获得收益，也不利于土地转入户通过扩大土地经营规模获得土地经营收入。王春超（2011）认为农村土地流转的非正式契约关系并没有阻碍农民参与土地流转的积极性。在这种制度安排下土地产权的完全流转虽然难以获得，但是外出就业农户普遍采用将土地委托邻居或者亲属等经营。这种流转不具有稳定性，并不能对农民土地投资经营产生稳定正向激励，因为一旦非农就业农民失业，返乡农民将收回转出土地。确权通过降低交易成本推动土地流转（陈锡文，2015；程令国等，2016；付江涛等，2016；许庆等，2017），确权通过交易价格机制和生产激励促进土地流转（林文声等，2017）。农地产权强度越高，被合理配置的可能性越大，促进农业生产的专业化分工，提高土地利用效率，从而增加农民收入（Yang，1992）。

与科斯产权理论不同，哈特认为不完全契约具有普遍性，确权界定的特定权利并不重要，确权没有界定清楚的剩余权利（包括：土地流转方式、土地流转对象、流转收益分配方式、土地经营方式等）是一种稀缺资源，确权后农民获得承包土地的剩余权利，换句话说，确权不是重新确定农户的土地承包经营权，而是确保承包制下农民承包土地的剩余控制权。土地资源是不可移动的，土地流转交易实质是土地经营权的交易，也是农民凭借其土地承包权而进行的土地经营权投资。既然农民获得了承包土地的剩余控制权，农民在土地流转期限、土地流转形式、土地流转合同等方面就具有充分的自由选择权，这必然激励农户在更大范围内、更长期限开展土地流转投资，而不仅仅是短时性和暂时性向邻居或亲戚流转土地，农户土地流转投资功能完善，有助于提高土地转出户的流转投资收益。

（三）土地确权、土地关系专用性投资与农民土地经营收入

现有研究利用科斯产权理论研究认为土地确权清晰界定了政府、村集体和农户的土地权利边界，解决了承包制下土地产权模糊问题，促进土地向种植大户集中，推动土地规模经营，有利于种植大户进行土地投资（黄季焜等，2012；许庆等，2017），提高农户家庭经营收入。

与科斯产权理论不同，哈特不完全契约理论认为剩余控制权是影响投资的关键因素，当契约不完全时将剩余控制权配置给投资决策相对重要的一方是有效率的（Grossman and Hart，1986）。确权前，土地转入户或农场没有土地投资的剩余控制权，土地规模经营过程中会受到村霸或村集体的破坏，甚至其土地经营类型或经营方式也会受到镇政府、村委的干预，因此土地转入户或农场并不能获得土地投资的剩余控制权，限制了其转入土地和开展土地规模经营投资。但土地确权后土地转入户或农场获得承包和流转土地的完整的经营权，并确保了土地转入户或农场进行土地关系专用性投资剩余的控制权，解决了其进行土地关系专用性投资的后顾之忧，能推动其开展土地关系专用性投资，实施土地专业化经营和规模经营，降低交易成本和提高劳动生产率。譬如，将先进的农业技术和优良品种引入农业生产，或投入资金购置先进的机械设备以提高土地生产率，最终有利于提高其农业经营性收入。同时，土地经营规模超过一定阈值的农业经营主体，将能够以其流转获得的土地使用产权作为抵押进行融资，缓解其抵押约束或信贷约束，进一步激励其增加投资以实现收益最大化的投资水平。最后，对于部分兼业农户，由于确权使其获得土地关系专用性投资的剩余收益，部分兼业农户可能会增加对土地的投资水平，从而获得更高的经营效率和产出水平。

（四）土地确权、农户人力资本投资与农民工资性收入

根据哈特（1990）的不完全契约理论，土地承包合同属于不完全契约，政府、村集体和农户对土地的权利边界不清晰，村集体凭借所有权控制着土地剩余控制权，农民没有土地的剩余控制权，土地确权很大程度上改进了承包制的不完全契约问题，限制了政府和村集体对土地的剩余控制权。承包土地和劳动力是农户最基本的两种生产资料，土地确权作为外生的制度变迁必然深刻影响农户对土地和劳动力资源的重新配置。一方面，土地确权将土地剩余控制权从村集体配置给你哈，农户将获得土地流转投资收益的剩余控制权。确权打消了农户流转土地的顾虑，推动土地流转（程令国等，2016），加速农地的规模化经营，提高了兼业农民从事农业打工和非农就业的比例，增加其工资性收入；另一方面，土地确权之前，外出务工农民面临着失地或调地风险（罗必良等，2015），其非农就业的机会成本较大，非农就业收入具有较大的不稳定性（王春超等，2011）；而土地确权明晰了政府、村集体和农民的权利边界，在一定程度上解决了农地不完全契约问题，提高了农户土地的剩余控制权，稳定了农户承包土地的产权预期，维护了农民系于土地的财产性收入和社会保障福利，降低了外出务工农民非农就业的机会成本，有利于推动其非农就业和提高非农就业收入。

根据以上分析，本书认为，确权前后农户进行土地流转投资和土地关系专用性投资的变化，不是确权使得土地产权清楚，降低了交易成本；而是确权后土地承包经营权的剩余控制权由村集体转向农户，农户获得土地流转投资和土地关系专用性投资的剩余控制权，从而激励其开展土地流转投资和土地关系专用性投资。据此，我们提出假说：首先，确权将推动土地转出农户增加土地流转投资，正向影响其土地流转投资收益；其次，确权将影响土地转入户或农场增加土地转入投资和土地关系专用性投资，正向影响其土地经营收入。

土地和劳动力是农户可支配的两大基本资源，确权作为外生的制度变迁，并将土地承包经营权的剩余控制权配置给农户，解决了非农就业农户转出土地的风险，降低了其非农就业机会成本，有助于其长期稳定的从事非农就业；同时影响部分兼业农户放弃农业生产，转为完全非农就业。据此，我们提出假说3，确权通过影响土地流转数量，推动农户长期稳定的从事非农就业，正向影响其工资收入（见图 8 - 2）。

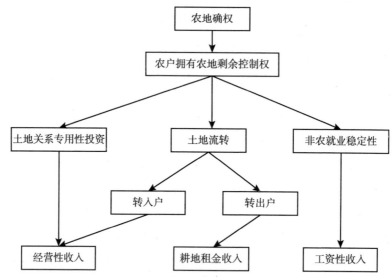

图 8 - 2　不完全契约视角下农地确权对农民收入影响的理论框架

四、土地确权影响农户收入的经验分析

（一）模型建立与变量选取

本书重点关注的是农户的收入指标。CHARLS 同时调查了农户和村两个层面的农户收入状况，因此我们的指标也相应分为农户和村两个层面。在农户层面，农村居民的收入主要来源于家庭经营性收入、财产性收入和工资性收入。其中家庭经营性收入主要包括农产品、林产品、水产品、牲畜及其牲畜生产出来的副产品；财产性收入包括出租承包地、树木、固定资本和耐用品等获得的收入，本书主要考察土地租金收入；工资性收入主要是农村居民从事非农就业或者农业打工获得的收入。在村级层面，根据问题"2010 年你们村/社区人均纯收入/可支配收入是多少？"，将村人均可支配收入（log）作为被解释变量。农地确权、土地关系专用性投资以及土地流转是我们关注的主要解释变量。

据此，我们采用如下回归方程：

$$y_{ij} = \beta_0 + \delta_1 entitle_i + \delta_2 agrfa_{ij} + \delta_3 entitle_i \cdot agrfa_{ij} + X'_{ij}\beta_1 + Z_i\beta_2 + \varepsilon_{ij}$$

$$(8.3)$$

$$y_{ij} = \beta_0 + \lambda_1 entitle_i + \lambda_2 renout_{ij} + \lambda_3 entitle_i \cdot renout_{ij} + X'_{ij}\beta_1 + Z_i\beta_2 + \varepsilon_{ij}$$

$$(8.4)$$

$$y_{ij} = \beta_0 + \gamma_1 entitle_i + \gamma_2 renin_{ij} + \gamma_3 entitle_i \cdot renin_{ij} + X'_{ij}\beta_1 + Z_i\beta_2 + \varepsilon_{ij}$$

$$(8.5)$$

其中，y_{ij} 表示村庄 i 家户 j 的被解释变量，包括农户的经营性收入、租金收入和工资性收入。变量 $entitle_i$ 表示农地确权，如果一个村庄在最近 5 年内（2006 ~ 2011 年）进行了土地承包经营权的确权登记颁证，$entitle_i = 1$，否则等于 0。$Agrfa$ 表示土地关系专用性投资，指农户为在土地上开展农业生产而进行的专门投资，这些投资具有长期收益性且不能用作除农业生产以外的其他生产活动，我们用农户的农业固定资产投资①来衡量。土地流转包括是否转入土地、转出土地以及流转土地面积。这里，我们需要重点考察确权与土地关系专用性投资、土地流转之间的交互项。在估计方法上，我们对有量纲的变量进行了对数化处理，并使用 OLS 加以估计。

此外，我们还控制了家户层面和村层面可能同时影响农户收入的变量，X_{ij} 和 Z_i。家户层面包括户主性别、年龄、受教育程度、婚姻状况、专业技术职称、层面包括承包耕地面积（实际耕地面积）、抚养比、劳动人口数量、农业经营支出等特征；村庄特征包括总人口、人均耕地面积、地形、老龄化程度（65 岁以上老年人比重）、手机使用率、是否有工业污染、外出务工男性月工资、外出务工经商 3 个月以上人数、个体户数、企业数、是否有大姓、是否通公交、是否实行农业补贴、是否实施新型农村社会养老保险、农业机械化率等。

---

① 农业固定资产投资：包括拖拉机、脱粒机、抽水机、机引农具（如机引犁、机引耙、机引播种机、旋耕机等）和农产品加工机械（对收获后的农产品或采集的禽畜产品进行初步加工或深度加工的机械设备）。

（二）数据来源与描述性统计

CHALRS 全国基线调查由北京大学国家发展研究院和中国疾病预防控制中心主持，在 150 个县级单位，450 个村/社区单位开展调查访问，其样本覆盖总计 10 229 户家庭中的 17 424 名受访者。样本覆盖范围广，具有较强的代表性。CHALRS 问卷内容包括个人基本信息、家庭结构和经济支持、健康状况、医疗服务利用和医疗保险、工作、收入、消费、资产，社区基本情况等。我们最终使用的样本包括具有明确农地确权信息的 279 个村庄，7 647 个农户。

农地确权、土地流转、农户土地关系专用性投资与农户收入的基本特征事实（见表 8 - 1）。从表中可以看出，确权村相对于非确权村有更高比例的农户租出土地，租入土地的农户比例略低于未确权村，确权村农户的土地关系专用性投资要显著高于未确权村，确权村的家庭经营性收入、土地租金收入与工资性收入明显更高。与此相一致的是确权村人均可支配收入也显著高于未确权村。

表 8 - 1　土地确权、土地流转、土地关系专用性投资与农户收入

	变量	合计	确权村	未确权村
农户变量	租出土地（不租出 = 0）	0. 11（0. 31）	0. 13（0. 34）	0. 10（0. 30）
	租入土地（不租入 = 0）	0. 12（0. 33）	0. 11（0. 31）	0. 13（0. 34）
	集体分配耕地面积	5. 94（12. 22）	6. 52（11. 18）	5. 63（12. 73）
	实际耕地面积	6. 24（13. 47）	6. 70（12. 80）	6. 00（13. 80）
	土地关系专用性投资	1 071. 36（6 451. 91）	1 207. 29（8 971. 65）	999. 53（4 591. 91）
	经营性收入	8 764. 57（39 508. 3）	9 393. 26（48 077. 4）	7 574. 94（11 786. 7）
	土地租金收入	128. 43（777. 73）	191. 39（858. 17）	95. 15（729. 55）
	工资性收入	7 034. 62（16 771. 4）	7 513. 0（17 732. 63）	6 129. 39（14 743. 2）
	观测值	7 647	2 644	5 003

续表

变量		合计	确权村	未确权村
村庄变量	耕地流转比例	13.51（20.05）	13.96（17.79）	13.30（21.08）
	人均可支配收入	4 393（4 955.11）	4 527.30（5 505.69）	4 110.97（3 541.78）
	人均可支配收入 GINI 系数	0.4542	0.3859	0.4913
	观测值	279	90	189

　　未确权村的人均可支配收入分布更为不均，确权村的村人均可支配收入相对于未确权村更加集中（见表 8 - 1），确权村与非确权村人均可支配收入的基尼系数分别是 0.3859 和 0.4913。图 8 - 3 描绘了人均可支配收入的洛伦兹曲线，en = 0 代表未确权村人均可支配收入的分布曲线，en = 1 代表确权村人均可支配收入的分布曲线，可以直观看出未确权村的人均可支配收入的分布更为不均。

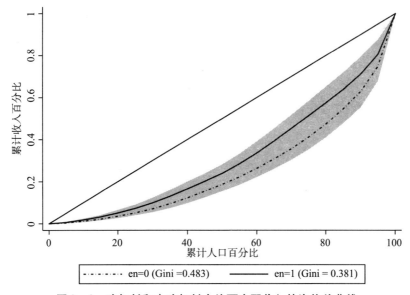

| ------- en=0 (Gini =0.483) | ——— en=1 (Gini = 0.381) |

图 8 - 3　确权村和未确权村人均可支配收入的洛伦兹曲线

（三）模型内生性讨论

对于单个农户的各类型家庭收入而言，村层面的农地确权在很大程度上可以视为一个政策性外生变量。而对于村庄层面的人均可支配收入而言，各地区在确定农地确权试点村时可能存自选择问题，如果该村庄的农业经营收入较高，那么该村庄被上级政府部门列为农地确权试点对象的可能性会越大。因此我们需要对村庄的系统性特征差异进行考察。

如表 8-2 所示，我们对可能影响村庄农地确权的变量进行了详细统计分析。统计结果表明，确权村与非确权村仅在老龄化率和机械化率两方面差别较为明显，其他各方面的特征几乎没有差别。我们还进一步将"农地是否确权"作为因变量，对村庄特征进行了 logit 回归，结果表明所有变量对村庄是否进行农地确权同样没有解释力。logit 模型整体显著性检验的 Wald chi2 统计检验的 P 值为 0.2120，表明各村庄特征变量对确权在整体上结果不显著。这表明农地确权试点村的选择遵循了代表性和普遍性的原则，基本上不存在样本选择性偏差问题。

表 8-2　　　　　　　　　农地确权与村庄特征统计

变量	合计	确权村	未确权村	Diff	Logit
	（1）	（2）	（3）	（4）=（2）-（3）	（5）
人均耕地（亩）	1.91 (2.84)	2.03 (2.54)	1.85 (2.98)	0.17	0.0365 (0.0509)
有大姓	0.81 (0.40)	0.77 (0.43)	0.83 (0.38)	-0.06	-0.3373 (0.3623)
通公交	0.52 (0.50)	0.54 (0.50)	0.51 (0.50)	0.03	0.1974 (0.2923)
受污染	0.14 (0.35)	0.10 (0.30)	0.16 (0.37)	-0.06	-0.4684 (0.4465)
老龄化率	0.16 (0.12)	0.18 (0.15)	0.15 (0.10)	0.03**	1.6362 (1.2695)
个体户	35.47 (97.32)	29.30 (56.89)	38.41 (111.56)	-9.11	0.0151 (0.2225)

续表

变量	合计	确权村	未确权村	Diff	Logit
	(1)	(2)	(3)	(4) = (2) - (3)	(5)
企业数（家）	7.56 (51.81)	3.76 (9.12)	9.37 (62.61)	-5.61	-0.1227 (0.1659)
务工月工资（元）	2 601.08 (1 417.91)	2 501.67 (1 322.89)	2 648.41 (1 495.18)	-146.76	0.1573 (0.2224)
农业机械化率	0.37 (0.38)	0.31 (0.34)	0.40 (0.39)	-0.09 **	-0.7071 (0.4298)
外出务工人数	484.92 (538.03)	515.77 (586.32)	470.23 (514.44)	45.53	-0.0040 (0.1191)
农业补贴	0.96 (0.20)	0.98 (0.15)	0.95 (0.22)	0.03	0.9574 (0.8345)
新农保	0.44 (0.50)	0.42 (0.50)	0.45 (0.50)	-0.03	-0.0661 (0.2880)
手机用户比例	0.87 (0.16)	0.84 (0.17)	0.88 (0.16)	-0.04	-0.8584 (0.8430)
总人口	2 256.42 (1 904.6)	2 359.83 (1 900.07)	2 207.18 (1 909.84)	152.66	0.3601 (0.2485)
地形：平原	0.33 (0.47)	0.28 (0.45)	0.35 (0.48)	-0.07	—
丘陵	0.34 (0.47)	0.38 (0.49)	0.32 (0.47)	0.06	0.2917 (0.3625)
山地	0.25 (0.44)	0.27 (0.44)	0.25 (0.43)	0.02	0.0203 (0.4050)
高原	0.05 (0.21)	0.03 (0.18)	0.05 (0.22)	-0.02	-0.2071 (0.8157)
盆地	0.03 (0.17)	0.04 (0.21)	0.02 (0.14)	0.02	0.5115 (0.7900)
Wald chi2	—	—	—		23.60 (0.2120)
观测值	279	90	189	—	279

注：1. 第（1）～（3）报告的是均值，括号中给出了标准差；

2. 第（4）列给出确权村与未确权村在村庄特征上的差别，并对此差别进行了 t 检验；

3. 第（5）列报告的是 logit 回归的系数和标准误，Wald chi2 括号中报告的 P 值。

（四）土地确权影响农民收入的回归结果分析

在进行实证分析之前，我们剔除了各主要变量缺失或失真的观测对象。在实证分析中，我们主要考察参与农地确权对农户家庭经营性收入、耕地租金收入和工资性收入的影响。按照理论逻辑的推断，农地确权对农户家庭经营性收入、耕地租金收入和工资性收入产生正向影响。表8-3给出了全部样本的估计值①。

具体来说，从经营性收入来看，确权村家庭经营性收入比未确权村高出7%，确权村农户通过增加土地关系专用性投资和转入土地显著提高了经营性收入5%~6%，进一步控制其他家户特征和村庄特征后，仍然显著高出5.9%。从土地租金收入来看，确权村土地租金收入比未确权村高出近4%，为了控制不同地区的物价水平差异，我们引入了村庄层面的大米价格，结果显示确权村土地租金收入较未确权村提高了5.3%。从工资性收入来看，农地确权正向激励了农户转出耕地，改变了农户的就业特征，使得农户的工资性收入显著提高了6%~12%。这说明农地确权确实提高了农户的收入。

表8-3　　　　　农地确权对农户收入的影响：全样本估计

变量	经营性收入			耕地租金收入			工资性收入		
	(1)	(2)	(3)	(4)	(5)	(6)	(7)	(8)	(9)
确权	0.070*** (0.026)	0.067** (0.028)	0.059** (0.027)	0.041* (0.025)	0.057** (0.025)	0.053** (0.027)	0.062* (0.046)	0.104** (0.045)	0.124*** (0.047)
土地关系专用性投资	0.020*** (0.005)	0.019*** (0.005)	0.013** (0.006)	—	0.006** (0.004)	0.011*** (0.004)	—	-0.015** (0.006)	-0.008 (0.006)
农业生产成本	1.021*** (0.006)	1.020*** (0.004)	1.012*** (0.007)	—	—	—	—	-0.015*** (0.006)	-0.010* (0.005)
实际经营耕地面积	0.137*** (0.023)	0.136*** (0.017)	0.084*** (0.021)	—	-0.174*** (0.015)	-0.090*** (0.039)	—	-0.131*** (0.026)	-0.067** (0.028)

① 对工资性收入的回归使用的是有工资性收入的农户样本。

续表

变量	经营性收入			耕地租金收入			工资性收入		
	(1)	(2)	(3)	(4)	(5)	(6)	(7)	(8)	(9)
劳动力数	0.219 *** (0.026)	0.211 *** (0.023)	0.098 *** (0.033)	—	−0.016 (0.032)	−0.005 (0.032)	—	0.262 *** (0.059)	0.330 *** (0.058)
转出土地面积	—	—	—	—	0.708 *** (0.090)	0.718 *** (0.034)	0.348 *** (0.069)	0.233 *** (0.069)	0.255 *** (0.068)
转入土地面积	0.235 ** (0.029)	0.247 * (0.030)	0.240 *** (0.028)	—	—	—	—	—	—
土地租金率	—	—	—	—	0.356 ** (0.067)	0.382 *** (0.069)	—	—	—
男性外出务工工资	—	—	—	—	—	—	0.824 * (0.091)	0.853 ** (0.091)	0.861 *** (0.091)
大米价格	—	0.076 * (0.045)	0.082 * (0.048)	—	0.105 ** (0.049)	0.093 * (0.052)	—	0.040 * (0.067)	0.011 ** (0.069)
确权×土地关系专用性投资	0.025 *** (0.008)	0.023 *** (0.008)	0.021 *** (0.008)	—	—	—	—	—	—
确权×转出土地面积	—	—	—	0.177 (0.176)	0.173 (0.174)	0.196 *** (0.051)	0.160 * (0.099)	0.167 * (0.094)	0.152 * (0.094)
确权×转入土地边际	0.025 *** (0.007)	0.032 *** (0.009)	0.041 *** (0.008)	—	—	—	—	—	—
其他家户特征	No	Yes	Yes	No	Yes	Yes	No	Yes	Yes
村庄特征	No	No	Yes	No	No	Yes	No	No	Yes
常数项	—	—	—	—	—	−0.135 (0.661)	—	—	—
R - sq	0.9767	0.9767	0.9774	0.7404	0.7446	0.7481	0.9886	0.9890	0.9895
观测数	7 647	7 647	7 647	7 647	7 647	7 647	2 668	2 668	2 668

注：***、**、*分别表示在1%、5%、10%的水平上显著。

　　农地确权对不同就业特征农户的收入的影响见表8-4。从经营性收入来看，农地确权显著提高了纯务农农户的家庭经营性收入7.9个百分点，但对兼业农户经营性收入的影响不显著。从耕地租金收入来看，确权对纯非农农户的耕地租金收入提高最大，达到6.3%，对纯务农农户的租金收入提高最低，4.4%，且仅在10%的水平上显著。从工资性收入来看，确权使得纯非农就业农户的工资性收入大幅提高了17.3%，对兼业农户的工资性收入仅提高了10%。

表8-4　　　　　　　　确权与农户收入：按农户就业特征分组估计

变量	经营性收入		耕地租金收入			工资性收入	
	纯务农	兼业	纯务农	纯非农	兼业	纯非农	兼业
确权	0.079 *** (0.027)	-0.008 (0.046)	0.044 * (0.027)	0.063 *** (0.060)	0.052 ** (0.034)	0.173 ** (0.076)	0.100 * (0.062)
土地关系专用性投资	0.010 ** (0.004)	0.032 *** (0.006)	0.007 ** (0.003)	0.036 *** (0.011)	-0.0004 (0.006)	-0.018 * (0.010)	-0.005 * (0.008)
农业生产成本	0.623 *** (0.022)	0.487 *** (0.041)	-0.012 (0.009)	—	0.004 (0.027)	—	-0.017 * (0.022)
实际经营耕地面积	0.151 *** (0.022)	0.214 *** (0.044)	—	—	—	—	-0.142 *** (0.046)
劳动力数	0.350 *** (0.041)	-0.093 *** (0.063)	-0.015 (0.032)	-0.090 (0.097)	-0.091 (0.064)	0.315 *** (0.076)	0.408 *** (0.088)
转出土地面积	—	—	0.732 ** (0.036)	0.756 *** (0.036)	0.779 *** (0.036)	0.231 *** (0.036)	0.242 ** (0.036)
转入土地面积	—	—	0.301 *** (0.058)	0.321 ** (0.059)	0.332 *** (0.061)	—	—
土地租金率	—	—	0.301 *** (0.058)	0.321 ** (0.059)	0.332 *** (0.061)	—	—
男性外出务农月工资	—	—	—	—	—	0.831 * (0.093)	0.801 * (0.089)
大米价格	0.041 * (0.058)	0.049 ** (0.061)	0.035 (0.064)	0.215 (0.073)	0.242 * (0.150)	0.090 (0.086)	0.136 (0.125)
确权×土地关系专用性投资	0.057 *** (0.007)	0.021 *** (0.007)	—	—	—	—	—
确权×转出土地面积	—	—	0.567 * (0.336)	0.639 ** (0.320)	0.679 ** (0.011)	0.204 * (0.043)	0.136 * (0.067)

续表

变量	经营性收入		耕地租金收入			工资性收入	
	纯务农	兼业	纯务农	纯非农	兼业	纯非农	兼业
确权×转入土地面积			—	—	—	—	—
其他家户特征	Yes	Yes	Yes	Yes	Yes	Yes	Yes
村庄特征	Yes	Yes	Yes	Yes	Yes	Yes	Yes
R – sq	0.9892	0.9919	0.7626	0.7316	0.7829	0.9911	0.9888
观测值	4 719	1 420	4 719	1 248	1 420	1 248	1 420

注：***、**、* 分别表示在1%、5%、10%的水平上显著。

由于长久以来我国土地制度变迁过程中存在众多的矛盾和冲突，农户需要大量时间去深入了解农地确权政策，然后做出生产行为的选择，同时，对土地关系专用性投资、土地资源和劳动力资源的重新配置也需要大量时间。我们按照确权时间对样本进行了划分（见表8－5）。根据程令国等（2016）的研究，确权对土地流转影响的滞后效应为2年，因此，我们也以2年为时间界限来考察确权对农户收入的滞后效应。结果显示，确权2年以上的农户在家庭经营性收入、耕地租金收入和工资性收入都显著高于确权时间不超过2年的农户。

表8－5　　　　　确权与农户收入：按照村庄特征分组估计

变量	确权时间不超过2年			确权时间2年以上		
	经营性收入	土地租金收入	工资性收入	经营性收入	土地租金收入	工资性收入
确权	0.053 *** (0.034)	0.046 * (0.026)	0.027 * (0.076)	0.094 *** (0.037)	0.052 ** (0.026)	0.176 ** (0.115)
土地关系专用性投资	0.009 (0.034)	0.003 (0.004)	– 0.010 (0.007)	0.014 ** (0.006)	– 0.004 (0.004)	0.010 (0.015)

续表

变量	确权时间不超过 2 年			确权时间 2 年以上		
	经营性收入	土地租金收入	工资性收入	经营性收入	土地租金收入	工资性收入
农业生产成本	0.997 *** (0.008)	—	-0.009 (0.006)	0.998 *** (0.008)	—	-0.568 *** (0.015)
实际经营耕地面积	0.100 *** (0.024)	—	-0.036 * (0.030)	0.090 *** (0.027)	—	-0.038 *** (0.062)
劳动力数	0.009 (0.041)	0.046 (0.034)	0.328 *** (0.061)	0.056 * (0.040)	-0.014 (0.034)	1.922 *** (0.123)
大米价格	0.004 (0.055)	0.002 (0.049)	0.071 * (0.075)	0.088 * (0.053)	0.049 (0.051)	0.255 * (0.195)
转出土地面积	—	0.764 *** (0.028)	0.046 * (0.031)	—	0.821 *** (0.030)	0.030 (0.029)
转入土地面积	0.053 ** (0.036)	—	—	0.030 ** (0.033)	—	—
确权×土地关系专用性投资	0.015 * (0.008)	—	—	0.016 *** (0.010)	—	—
确权×转出土地面积	—	0.367 ** (0.178)	0.161 * (0.118)	—	0.048 * (0.034)	0.086 *** (0.021)
确权×转入土地面积	0.025 * (0.032)	—	—	0.035 ** (0.032)	—	—
其他家户特征	Yes	Yes	Yes	Yes	Yes	Yes
村庄特征	Yes	Yes	Yes	Yes	Yes	Yes
R-sq	0.9770	0.7625	0.9895	0.9754	0.7495	0.5788
观测值	6 127	6 127	2 158	6 532	6 532	6 532

注：*** 、** 、* 分别表示在1%、5%、10%的水平上显著。

　　根据本书的理论逻辑，农业生产率较高的农户更倾向于转入土地以提高家庭经营性收入，而农业生产率较低的农户更倾向于转出土地以获得租金收入和工资性收入，所以土地流转的方向对农户不同收入类型的影响也存在差异。对耕地转入户而言，农地确权使得他们转入更多的耕地，通过经营规模效应大幅提高了家庭经营性收入35.8%，相应地降低了工资性收入18.5%。对于耕地转出户而言，农地确权并没有显著增加其经营性收入，相应地大幅提高了土地租金收入和工资性收入，分别是25.9个百分点、15.3个百分点（见表8-6）。

表8-6　　　　　　　　　确权、土地流转与农户收入

变量	土地转入农户		土地转出农户		
	经营性收入	工资性收入	经营性收入	租金收入	工资性收入
确权	0.358 ** (0.015)	-0.185 * (0.0545)	0.056 (0.080)	0.259 *** (0.0233)	0.153 ** (0.0516)
土地关系专用性投资	0.012 (0.011)	-0.063 * (0.039)	0.012 (0.011)	0.059 *** (0.019)	-0.064 * (0.047)
农业生产成本	0.973 *** (0.023)	-0.441 *** (0.048)	1.087 *** (0.011)	—	-0.227 *** (0.041)
实际经营耕地面积	0.049 ** (0.063)	-0.214 (0.192)	0.113 ** (0.051)	—	-0.144 (0.240)
劳动力数	0.115 (0.079)	2.256 *** (0.365)	0.013 (0.102)	0.199 (0.150)	1.437 *** (0.329)
大米价格	0.211 (0.206)	0.207 * (0.309)	-0.536 *** (0.166)	0.927 ** (0.402)	0.206 * (0.310)
转出土地面积	—	—	-0.355 ** (0.034)	0.825 ** (0.065)	0.094 * (0.029)
转入土地面积	0.095 ** (0.068)	-0.235 ** (0.046)	—	—	—
确权×转出土地面积	—	—	0.002 (0.041)	0.267 * (0.149)	0.748 ** (0.314)
确权×转入土地面积	0.143 *** (0.081)	0.013 *** (0.315)	—	—	—
户主特征	Yes	Yes	Yes	Yes	Yes
其他家庭特征	Yes	Yes	Yes	Yes	Yes

续表

变量	土地转入农户		土地转出农户		
	经营性收入	工资性收入	经营性收入	租金收入	工资性收入
村庄特征	Yes	Yes	Yes	Yes	Yes
R - sq	0.9862	0.4139	0.9779	0.9234	0.5420
观测值	953	953	848	848	848

注：***、**、*分别表示在1%、5%、10%的水平上显著。

在村庄层面上，我们使用倾向得分匹配法（Propensity Score Matching，PSM）对确权与村人均可支配收入之间的关系进行检验，被解释变量村人均可支配收入，可观测特征包括村层面的各个变量。该方法通过构造在各个可观测特征上与处理组相近的控制组，基于可忽略性假定①使得处理组与控制组具有可比性，从而得到更加精确的"匹配估计量"（matching estimators）。本书使用常见的马氏匹配法。确权村的人均可支配收入比未确权村显著提高了10% ~ 18.8%，并在5%的置信水平上显著（见表8 - 7）。

表8 - 7　　　　农地确权对人均纯收入的影响（村庄层面）

变量	被解释变量：人均可支配收入（对数）	
	OLS	PSM
确权	0.100** (0.094)	0.188** (0.096)
人均耕地面积（对数）	0.054 (0.081)	
老龄化率	-0.011** (0.034)	
机械化率	0.136*** (0.047)	

---

① 可忽略性假定：给定 x_i，则 (y_{0i}, y_{1i}) 独立于 D_i，记为 $(y_{0i}, y_{1i}) \perp D_i | x_i$。

续表

变量	被解释变量：人均可支配收入（对数）	
	OLS	PSM
外出务工男性月工资（对数）	0.198 *** （0.049）	
人口规模（对数）	－0.039 （0.100）	
大米价格（元/千克）	0.821 ** （0.089）	
农业补贴	0.109 （0.332）	
工业污染	－0.095 （0.143）	
是否通公交车	0.250 ** （0.104）	
村镇企业（对数）	0.134 ** （0.061）	
个体户（对数）	0.071 * （0.040）	
推行"新农保"	0.199 ** （0.098）	
推行"新型农村合作医疗"	0.012 （0.064）	
外出务工人数（对数）	0.032 （0.039）	
常数项	6.043 *** （0.672）	
R－sq	0.3726	
观测值	279	279

注：*** 、 ** 、 * 分别表示在1%、5%、10%的水平上显著。

五、基本结论及政策含义

本书建立了在不完全契约视角下农地确权与农民收入之间的理论逻辑分析框架，系统考察了农地确权、土地关系专用性投资、土地流转、非农就业稳定性以及农户不同类型收入之间的关系，并利用 CHARLS (2011) 的农户家庭微观调查数据经验验证了农地确权与农户收入增长之间的关系。得出了以下结论。

第一，农地确权将农地的剩余控制权配置给农户，保障了农户土地关系专用性投资权益，并正向激励了农户的土地关系专用性投资，从而增加了农户的经营性收入。农户拥有农地的剩余控制权以后，其土地关系专用性投资收益的风险降低，稳定了其土地关系专用性投资预期，使得农户进行土地关系专用性投资的可能性和投资量显著提高，进而增加了经营性收入。由于兼业农户在短期内更倾向于维持现有生产行为，确权对其经营性收入的影响并不显著，与此形成对比的是确权对纯务农农户经营性收入的影响很显著。同时由于农业生产周期较长，土地关系专用性投资收益具有滞后性，农地确权对确权 2 年以上的农户经营性收入的影响更加显著。

第二，农地确权将农地剩余控制权配置给农户，保障了农户的土地流转投资权益。农地确权降低了土地流转的制度性风险，农地流转市场相对而言会更加活跃，一方面农地转出户的农地供给数量会增加，另一方面也有更多的农业经营主体对农地的需求数量会增加。农地的供给方和需求方各取所需，农地供给方的租金收入提高了，农地需求方通过扩大耕地面积，实现了经营收入的增长。由于各级地方政府在落实中央农地确权政策和农户生产行为选择的转变需要一定的时间，农地确权对耕地转入农户的经营性收入存在滞后影响。由于农户的生产行为选择差异，农地确权对耕地转出农户的租金收入的影响也存在差异，与纯务农农户相比，确权对纯非农就业农户的租金收入影响更大。

第三，农地确权将农户的剩余控制权配置给农户，显著提升了农户非农就业的稳定性，增加了农户的工资性收入。在我国，农地的社会保障功能并没有丧失，农地仍然是农户社会保障的"最后一根稻草"，农地确权给农户吃上"定心丸"，这有利于农户将更多的劳动时间配置在非农就业或农业打工，进而增加农户的工资性收入。我们研究发现，农地确权对兼业农户的工资性收入并没有显著性影响，而对纯非农就业的农户具有显著性影响，可能是由于兼业农户在短期内无法做出更好的生产行为选择。同时，我们还发现农地确权对农户工资性收入具有滞后效应，因为农户需要一定的时间去了解农地确权政策，然后根据家庭禀赋做出生产行为选择，优化劳动力的配置。

本书的政策含义在于以下两点。一是将农地的剩余控制权配置给投资决策相对重要的一方（农户）是更有效率的。在实际调研中我们也发现，在某些地区经过农地确权以后，农业生产发生了一些可喜的变化，农户不仅可以拿到可观的土地租金收入，也能获得在合作社里的打工收入，还有些地区打造了家庭农场集聚区概念，以家庭农场为平台，引进工商资本，打造各具特色的家庭农场；二是充分释放农地确权的制度性红利，进而继续完善我国土地制度，为我国农户收入增长提供了一条新路径。

第九章

研究结论及对策建议

一、深化和完善土地确权制度改革，解决非农就业农民的后顾之忧

改革开放初期，家庭联产承包责任制在农村土地集体所有的基础上，将土地所有权、承包经营权分设，调动了亿万农民积极性，有效解决了农民温饱问题，是新中国成立以来农村土地制度的重大变革。2013年的土地确权制度改革，是继家庭联产承包责任制以来又一次土地制度的重要创新变革。基于确权基础上的"三权分置"，有利于明晰土地产权关系，是农村基本经营制度的自我完善，符合生产关系适应生产力发展的客观规律，能够更好地维护经营主体、承包农户和村集体的权益；有利于促进土地资源合理利用，构建新型农业经营体系，发展多种形式农业适度规模经营，推动现代农业发展。

但是，从不完全契约理论看，土地确权之后，农村土地虽然产权清晰，但是基于土地集体所有制基础上的改革，农村土地制度仍然具有不完全契约特性，农村土地所有者（村集体）仍控制权农村土地剩余，农村土地剩余控制权仍握在村集体手中。虽然我国将土地承包期再延长30

年，但是土地承包权的继承问题并没有明确规定，在我国加速城镇化的
过程中，很多农户的子女已经丧失农村户籍，这类农户土地承包经营权
的继承或退出问题将日益突出，这类土地剩余的处理仍是一个难题。此
外，土地承包权继承问题也将深刻影响土地经营权的稳定，对于子女退
出农村户籍的农户，如果其承包土地与其他主体签订了较长的土地流转
合同，如果在合同期内承包者死亡，则面临一个土地流转合同是否稳定
的问题，毕竟土地所有权的代理人村集体拥有终极土地剩余控制权。因
此，土地确权制度的完善，仍然需要兼顾农民及其退出农村户籍子女的
土地承包权的继承问题。

　　完善土地确权，保障农户的承包权是放活土地经营权的前提。解决
土地承包权继承问题，赋予农户完整的土地剩余控制权，将农户真正打
造成为"二地主"，才能真正赋予经营主体更有保障的土地经营权，完
善农村基本经营制度。土地经营权人（种植大户、农场主、农业企业和
农业合作社）对流转土地依法享有在一定期限内占有、耕作并取得相应
收益的权利。在完善"三权分置"办法过程中，要依法维护经营主体从
事农业生产所需的各项基本权利，使土地资源得到更有效合理的利用。
赋予经营主体完整的土地经营剩余控制权，这些权利包括：经营主体有
权使用流转土地自主从事农业生产经营并获得相应收益，经承包农户同
意，可提升地力，依法依规改良土壤、建设农业生产、附属、配套设
施，并依照流转合同约定获得合理补偿；有权在流转合同到期后按照同
等条件优先续租承包土地。

二、完善农村土地流转市场，提高土地资源配置效率，降低农民非农就业的机会成本

　　农村土地流转市场建设需要有自主交易权（自由选择权和自由签约
权）的土地供给方和需求方、土地流转信息平台等条件。土地确权界定
了政府、村集体和农户之间的土地权利边界，赋予了土地转入方、转出

方的自由选择权和自由签约权，为完善土地流转市场建设奠定了基础。土地流转信息不对称是影响土地资源配置的重要障碍，虽然农村有各种形式的土地流转中介组织，在一定程度上满足的当地土地流转的需要，但是传统的以"能人"为核心的土地中介流转组织，不能适应现代经济社会发展的需要。政府相关部门借助大数据科技建设互联网络服务平台，将资本与土地资源快速结合匹配，让土地转入、转出方的需求信息公开进行交易，可实现流转收益从被流转人到流转人的直接对接，能避免过多的审批交易环节，有助于促进土地流转。但是土地流转市场信息平台具有公共产品性质，需要政府投资建设。国家在这一方面的政策鼓励和扶持也日渐明显。2014年11月，中共中央办公厅和国务院办公厅印发《关于引导农村土地经营权有序流转发展农业适度规模经营的意见》指出，鼓励有条件的地方依托基层农村经营管理部门建立农村流转服务组织，为流转提供有关法律政策宣传、流转信息、价格评估、合同签订指导、利益关系协调、纠纷调处等服务。此外，根据各地区的土地流转模式和习俗，可以积极发展金融机构型的土地流转中介服务组织。金融机构型的土地流转中介组织利用互联网络服务平台，利用媒介和深入农村推广，较易获得土地转出、转入方的各项信息，而且金融机构先进的科技与管理也为土地流转信息公开，规范操作提供了现实可能性，节约土地流转交易成本开支；与此同时，还可以提供以土地为标的物的资金融通、土地信托、土地保险等相关衍生服务。

三、完善农村非农就业劳动力职业培训，加快农村剩余劳动力转移就业

非农就业劳动力由于缺乏较高的工作技能，导致其不能长期稳定的在城市非农就业，这也成为非农就业劳动力返乡的重要原因。《国务院办公厅关于进一步做好农民工培训工作的指导意见》指出，农民工培训工作取得显著成效，政策措施逐步完善，培训力度不断加大，农民工职

业技能明显提高。但也应当看到，农民工培训工作仍然存在着培训项目缺乏统筹规划、资金使用效益和培训质量不高、监督制约机制不够完善等问题。因此，需要政府相关部门提升非农就业劳动力的培训水平。首先，以市场需求为导向，增强非农就业劳动力的培训针对性。建立职业培训与就业紧密衔接的机制，适应互联网经济和人工智能经济背景下企业岗位需求变化的新特点，及时调整培训课程和内容。重点加强互联网业、智能制造业、新兴服务业等吸纳就业能力强、市场容量大的行业的非农就业劳动力的培训。以实现就业为目标，根据新兴产业发展和企业用工情况，组织开展灵活多样的订单式培训、定向培训，增强培训的针对性和有效性。根据乡村振兴经济发展战略的人才需求，开展实用技能培训，促进农村劳动力就地就近转移就业。结合劳务输出开展专项技能培训，培育和扶持具有地方特色的劳务品牌，组织的推动劳务输出；其次，明确非农就业劳动力的培训重点，实施分类培训。根据不同地区、不同年龄阶段非农就业劳动力的不同需求，进一步规范培训的形式和内容，提高培训质量和效果。外出就业技能培训主要对拟转移到非农产业务工或经商的劳动力开展具体专项技能或初级技能培训。技能提升培训主要适应互联网经济发展新要求，对与企业签订一定期限劳动合同的在岗劳动力进行提高技能水平的培训。准备进入非农产业就业的应届初高中毕业生、农村籍退役士兵进行劳动预备制培训。针对农民工返乡创业的这类群体，进行创业技能、企业管理等方面进行培训，提升农民的创业能力；最后，创新非农就业劳动力培训的机制。政府相关部门要将非农就业劳动力的培训资金列入财政预算，进一步加大农民工培训资金投入。组织协调有关部门建立非农就业劳动力培训项目的管理制度，采用政府购买培训成果的形式，严格筛选承担培训任务的院校、具备条件的企业培训机构，并对培训效果进行严格考核，保障非农就业劳动力的技能培训质量。充分发挥社会各方面参与培训的积极性，建立促进非农就业劳动力培训的多元投入机制。

四、培育新型职业农民，发展土地适度规模经营

　　农村劳动力的非农就业速度和农村土地适度规模经营密不可分，农村土地适度规模经营发展越好，农村土地生产率越高，农村剩余劳动力将越多，非农就业劳动力非农就业机会成本就越低。因此，发展土地适度规模经营，提升农业现代化水平，不仅仅能促进农村发展，还能稳定非农就业劳动力的预期。发展土地适度规模经营和现代农业最核心的是需要培育新型职业农民。首先，政府应加大对职业农民的财政投入力度。农业生产具有正外部性，接受培训的新型职业农民不仅仅自身受益，政府和社区也能从中受益，因此，新型职业农民的培训具有公益性质，在中央政府加大对职业农民培训工作经费的投入量的同时，各级地方政府根据地方特色也应该给予配套资金，全面贯彻落实中央的决策部署，尤其是试点的乡村镇，要科学合理的谋划资金配置，把资金投入农业培训的关键农户和关键行业，制定适合的培训预算方案，提升培训资金使用效率。同时积极开辟多渠道投资，推动社会化的参与和市场间的合作，开发民间集资、企业筹资以及世界粮农组织等境外投资方式，让龙头企业、农民合作社等社会组织积极参与，提升新型职业农民培训工程在师资引进、基础设施建设等方面的质量。其次，创新新型职业农民的培育方式。结合各地区新型职业农民培训示范村的发展情况，选出各村的特色主导产业；将各个村主要从事主导产业的农民进行登记，筛选培训学员，对不同学员进行分类并分别制定专业的培训内容，以满足农民在实际生产经营过程中的需求。依托各农业院所、学校将农业发展的实际情况与科研结果相结合，制定出符合农民需求的课程内容，免费向农民们发放培训的资料。在培训过程中将现场实践指导、专业知识培训班、科学技术成果推广等方式结合起来；充分利用现代传媒，如微信、视频等媒介进行培训工作，扩大培训的范围；建立学校与农业企业联合的模式，让培训主体和农业相关企业共同协作。

五、改革完善城乡二元社会保障体系，加快农村劳动力非农就业

土地制度和户籍制度是制约农村劳动力非农就业和就业稳定性的两大制度因素，土地制度确权改革降低了非农就业劳动力的机会成本，但是城乡二元的户籍制度不能满足非农就业劳动力在城市购房、医疗、子女入学等方面的社会福利。同时我国城乡二元的社会保障制度表面看是由户籍制度差异导致的，但实质上是农村社会保障制度依托于农村土地制度，农村土地分为承包地、自留地等多种类型，其中自留地就是不用缴纳税收的，为农民提供社会保障的土地。随着我国农村土地制度改革（包括"增人不增地，减人不减地"、土地确权等）地不断深化，依托于土地制度之上的农村社会保障制度基本瓦解，但是城乡统一、公平的社会保障体系还没有完善。因此，适应农村非农就业劳动力的发展要求，完善农村社会保障制度，是加快农村剩余劳动力非农就业的重要因素。第一，分类完善非农就业劳动力的社会保障，从发展趋势上看，非农就业劳动力可以分为纯非农就业的农村劳动力和兼业型的农村劳动力，纯非农就业的农村劳动力在城市生活多年甚至定居，职业和收入都相对稳定，其对社会保障的需求和面临的医疗等风险与城市居民趋同，对于这部分纯非农就业的农村劳动力，我们应该鼓励他们参加城镇职工的社会保障。同时政府有针对性的增加财政专项支出，解决纯非农就业的农村劳动力与城镇居民的社会保障福利差距。对于兼业型农村劳动力，其在城市就业、收入和居住都具有临时性特点，参加社会保险的意愿不强，对于这一类非农就业劳动力首先解决亟须的工伤和大病医疗救助等风险是较为理性的选择；第二，我国区域经济发展不平衡，东中西部应根据自身地区情况制定非农就业劳动力的社会保障政策。西部地区经济发展水平较落后，非农就业劳动力比重较大，最低生活保障和社会救助应该是社会保障政策的重点内容。中部地区是非农就业劳动力的主

要流出地之一，中部地区要不断完善非农就业劳动力的社会保障政策，尤其是养老和异地医疗保险制度，加强解决流动人口的社保制度便携性的问题。东部地区是我国非农就业劳动力的主要流入地，政府的财政实力雄厚，应在确保非农就业劳动力基本保障的基础上，增加其社会福利，逐步缩小户籍相关的福利差距，为其提供与当地居民同等的社会福利。第三，稳定有序的解决农村留守儿童问题，消除非农就业劳动力的后顾之忧。青少年儿童是国家的未来和希望，保护和尊重儿童权利，为青少年创造一个良好的生存、发展的社会环境是政府义不容辞的责任。根据全国妇联 2013 年 5 月发布《中国农村留守儿童、城乡流动儿童状况研究报告》推算，全国有农村留守儿童 6 102.55 万人，占农村儿童 37.7%，占全国儿童 21.88%。政府必须站在社会长期稳定的战略高度关注留守儿童问题。中央政府健全儿童保护法规政策，搭建儿童保护体系，完善儿童福利制度。地方政府明确基层责任，与企事业单位合作，解决非农就业劳动力儿童随迁问题，并将解决留守儿童问题纳入政绩考核体系。设置专项财政资金支持劳动力转入地的中小学建设，鼓励转出的教师到转入地就业，解决东南沿海省份中小学基础设施和师资力量薄弱的问题，满足非农就业劳动力随迁儿童的入学需求。

六、政府加大对农业生产公共投资，促进农业健康可持续发展

传统农业作为弱质产业，离不开政府的公共投资支持。农业部门生产率较低，自身难以产生足够的积累，同时我国工业化发展初期农业为工业发展转移了大量剩余，我国已经发展到工业反哺农业阶段。我国农业生产受自然条件制约，同时产品附加值不高，因此农业生产者的资本积累速度慢，农业很难吸引资金，甚至连农业自身的资源也会向收益较高的其他行业转移。

从我国农业投资历史看，人民公社时期，政府控制着农业产业，农

业剩余完全由政府从农村转移到城市，政府拥有土地终极所有权和土地收益控制权，政府有积极性增加农业农村的基础设施投资，这一阶段政府在农村基础设施投资扩张较快，包括：修建大中型水库、平整土地、修建梯田等一系列大型农业基础设施。农村家庭联产承包责任制之后，政府失去农村土地剩余控制权，村集体作为农村土地所有制代理人，控制着农村土地剩余，村集体有较大积极性为农业农村提供基础设施，但是村集体财力有限，农村基础设施供给有限，这一阶段农业农村基础设施投资处于萎缩阶段。2006 年，农业税取消之后，村集体完全失去农村土地生产剩余的控制权，不仅村集体的农业农村基础设施投资降到最低点，农村最基本的公共管理服务也加速萎缩，很多村集体管理人员外出务工，村集体管理机构瘫痪，农业农村公共基础设施投资基本依靠政府拨款。

农村土地确权之后，农民获得农业生产剩余控制权，农民农业基础设施投资将会有较大增加，但是农业基础设施投资具有公共投资属性，大部分投资靠单个农户或农业企业很难完成，因此，需要政府一方面要对种植大户、农场主和农业企业的农业基础设施投资进行配套，另一方面要有计划的逐步增加农业农村公共基础设施投资，承担其农业适度规模经营和美丽乡村建设的政府责任。

此外，引导社会力量增加农村的基础设施投资。2018 年中央一号文件提出，充分发挥财政资金的引导作用，撬动金融和社会资本更多投向乡村振兴。我国大部分省份已经开始应用政府和社会资本合作模式（PPP）解决"三农"问题，近半数的贫困县利用 PPP 模式开展了脱贫扶贫项目，利用市场力量开展长效脱贫扶贫。因此，社会资本作为政府农村公共投资的补充，是解决农业农村公共投资不足的重要力量。

参 考 文 献

[1] 蔡昉，王德文．经济增长成分变化与农民收入来源［J］．管理世界，2005（5）：77－8.

[2] 蔡昉．以农民工市民化推进城镇化［J］．经济研究，2013（3）：6－8.

[3] 蔡洁，夏显力．农地确权真的可以促进农户农地流转吗？——基于关中－天水经济区调查数据的实证分析［J］．干旱区资源与环境，2017（7）：28－32.

[4] 蔡鹭斌，段建南，张雪靓．农户土地流转意愿及其影响因素分析［J］．四川理工学院学报（社会科学版），2013（5）：28－33.

[5] 曹文斌．土地股份合作制：中国土地承包制度的创新与实践［J］．现代农业，2009（7）：78－80.

[6] 曹正汉．弱者的产权是如何形成的？——中国被征地农民的"安置要求权"向土地开发权演变的原因［A］．中国制度变迁的案例研究（土地卷）第八集［C］．2011（45）.

[7] 柴国俊，陈艳．征地补偿的多与寡：公平与效率视角［J］．农业经济问题，2017（2）：16－22.

[8] 柴涛修，刘向南，范黎．新中国征地制度变迁评述与展望［J］．中国土地科学，2008（2）：69－74.

[9] 常进雄，赵海涛．工资歧视与农村居民的非农劳动供给［J］．经济管理，2014（12）：157－165.

[10] 陈爱娟，方浩．家庭联产承包责任制产生及其内在缺陷的经

济学分析［J］. 江苏社会科学，2004（4）：69 - 72.

［11］陈会广，刘忠原，石晓平. 土地权益在农民工城乡迁移决策中的作用研究——以南京市 1062 份农民工问卷为分析对象［J］. 农业经济问题，2012，33（7）：70 - 77 + 111 - 112.

［12］陈家泽，周灵. 确权固化、"长久不变"的制度安排及其评价——农村产权制度改革深化的"双流"实践［J］. 中国房地产，2009（12）：49 - 50.

［13］陈家泽. 土地资本化的制度障碍与改革路径［J］. 财经科学，2008（3）：99 - 107.

［14］陈洁，罗丹. 剩余索取权：农民增收问题的起点［J］. 学习与探索，2000（4）：40 - 44.

［15］陈俊梁. 谈我国农业适度规模经营的实施条件［J］. 经济问题，2005（4）：47 - 49.

［16］陈铁，孟令杰. 土地调整、地权稳定性与农户长期投资——基于江苏省调查数据的实证分析［J］. 农业经济问题，2007（10）：4 - 11.

［17］陈锡文. 关于农村土地制度改革的两点思考［J］. 经济研究，2014（1）：4 - 6.

［18］陈奕山，钟甫宁，纪月清. 为什么土地流转中存在零租金？——人情租视角的实证分析［J］. 中国农村观察，2017（4）：43 - 56.

［19］程令国，张晔，刘志彪. 农地确权促进了中国农村土地的流转吗？［J］. 管理世界，2016（6）：88 - 98.

［20］崔惠斌，陈海文，钟建威. 我国农村土地流转影响因素的研究综述［J］. 农业经济与管理，2015（1）：56 - 63.

［21］邓曲恒，古斯塔夫森. 中国的永久移民［J］. 经济研究，2007（4）：137 - 148.

［22］邓晰隆. 三权分离：我国农村土地产权制度改革的新构想

[J]. 中国农业资源与区划, 2009 (4): 59 - 63.

[23] 丁玲, 钟涨宝. 农村土地承包经营权确权对土地流转的影响研究——来自湖北省土地确权的实证 [J]. 农业现代化研究, 2017 (3): 452 - 459.

[24] 杜珊. 城镇化进程中农村土地流转问题研究 [D]. 山西财经大学, 2014.

[25] 段禄峰, 魏明. "三权分置"下农业土地规模经营与城镇化耦合发展机制研究 [J]. 广西社会科学, 2017 (8): 74 - 78.

[26] 丰雷, 蒋妍, 叶剑平. 诱致性制度变迁还是强制性制度变迁? ——中国农村土地调整的制度演进及地区差异研究 [J]. 经济研究, 2013 (6): 4 - 18.

[27] 丰雷, 蒋妍, 叶剑平, 朱可亮. 中国农村土地调整制度变迁中的农户态度——基于 1999 ~ 2010 年 17 省份调查的实证分析 [J]. 管理世界, 2013 (7): 44 - 58.

[28] 冯政, 刘博, 吴远洪. 土地确权与土地产权交易对农民财产性收入增长与土地资源配置效率提高的影响分析 [J]. 财会研究, 2015 (11): 12 - 16.

[29] 付江涛, 纪月清, 胡浩. 产权保护与农户土地流转合约选择——兼评新一轮承包地确权颁证对农地流转的影响 [J]. 江海学刊, 2016 (3): 74 - 80 + 238.

[30] 付江涛, 纪月清, 胡浩. 新一轮承包地确权登记颁证是否促进了农户的土地流转——来自江苏省 3 县 (市、区) 的经验证据 [J]. 南京农业大学学报 (社会科学版), 2016 (1): 105 - 113 + 165.

[31] 傅晨, 任辉. 农业转移人口市民化背景下农村土地制度创新的机理: 一个分析框架 [J]. 经济学家, 2014 (3): 74 - 83.

[32] 高佳, 宋戈. 产权认知及外部环境对农户土地流转行为影响模型分析 [J]. 农业工程学报, 2017 (5): 248 - 256.

[33] 高珊, 黄贤金. 农村市场化对农户耕地流转的影响——以沪

苏皖农户调查为例 [J]. 长江流域资源与环境，2012 (7)：816－820.

[34] 高伟，张苏，王婕. 土地流转、收入预期与农村高等教育参与意愿 [J]. 管理世界，2013 (3)：82－95.

[35] 郜亮亮，黄季焜. 不同类型流转农地与农户投资的关系分析 [J]. 中国农村经济，2011 (4)：9－17.

[36] 龚启圣，刘守英. 农民对土地产权的意愿及其对新政策的反应 [J]. 中国农村观察，1998 (2)：18－25.

[37] 龚启圣，周飞舟. 当代中国农村土地调整的个案分析 [J]. 二十一世纪 (香港)，1999 (55)：136－147.

[38] 洪家泽. 产权对价与资本形成：中国农村土地产权改革的理论逻辑与制度创新——以成都试验区为例 [J]. 清华大学学报，2011 (4)：98－111＋160.

[39] 洪名勇，关海霞. 农户土地流转行为及影响因素分析 [J]. 经济问题，2012 (8)：72－77.

[40] 侯秋雯，阳利永，周容，郑州锐，胡德宝. 农户土地流转意愿调查研究——以玉溪市红塔区为例 [J]. 安徽农业科学，2013 (11)：5055－5056.

[41] 侯石安. 初始禀赋差异、农业补贴与农地流转选择——全国8省30村的微观实证分析 [J]. 中国农业科学，2012，45 (21)：4508－4516.

[42] 胡晨成. 基于农户生计视角的三峡库区农村土地流转问题研究 [D]. 中国矿业大学博士论文，2016.

[43] 胡同泽. 农村人口流动对土地规模经营的影响与对策——对重庆市12个镇的调查与分析 [J]. 经济纵横，2007 (6)：43－45.

[44] 胡新艳，杨晓莹. 农地流转中的禀赋效应及代际差异 [J]. 华南农业大学学报 (社会科学版)，2017 (1)：12－23.

[45] 胡新艳，朱文珏，刘凯. 理性与关系：一个农地流转契约稳定性的理论分析框架 [J]. 农村经济，2015 (2)：9－13.

[46] 黄海. 双重地权：土地国有下的农民土地财产权 [J]. 广东经济管理，2005（1）：19 - 22 + 36.

[47] 黄弘. 产权到户是遏制土地频繁调整的有效途径 [J]. 农业经济问题，2005（12）：38 - 41.

[48] 黄季焜，冀县卿. 农地使用权确权与农户对农地的长期投资 [J]. 管理世界，2012（9）：76 - 81 + 99 + 187 - 188.

[49] 黄景钧. 农村税费改革是农民减负的治本之策 [J]. 新视野，2001（4）：18 - 19.

[50] 黄锟. 农村土地制度对新生代农民工市民化的影响与制度创新 [J]. 农业现代化研究，2011，32（2）：196 - 199.

[51] 黄凌翔，郝建民，卢静. 农村土地规模化经营的模式、困境与路径 [J]. 地域研究与开发，2016（5）：138 - 142.

[52] 黄延信，张海阳，李伟毅，刘强. 农村土地流转状况调查与思考 [J]. 农业经济问题，2011（5）：4 - 9.

[53] 黄志繁. 土客冲突、商镇发展与民俗创造——江西上犹营前圩的个案研究 [J]. 清华大学学报（哲学社会科学版），2011（1）：86 - 94 + 159.

[54] 黄忠华. 农村土地制度安排是否阻碍农民工市民化：托达罗模型拓展和义乌市实证分析 [J]. 中国土地科学，2014（7）：31 - 38.

[55] 黄祖辉，王朋. 农村土地流转：现状、问题及对策——兼论土地流转对现代农业发展的影响 [J]. 浙江大学学报（人文社会科学版），2008（2）：38 - 47.

[56] 冀县卿，钱忠好. 剩余索取权、剩余控制权与中国农业阶段性增长 [J]. 江海学刊，2009（1）：106 - 111 + 238 - 239.

[57] 姜松，曹峥林，刘晗. 农业社会化服务对土地适度规模经营影响及比较研究——基于CHIP1微观数据的实证 [J]. 农业技术经济，2016（11）：4 - 13.

[58] 蒋和胜，王德忠. 关于农民增收减负途径的深层次思考——

兼论农民增收减负的制度基础［J］.经济体制改革，2002（2）：95 -
98.

［59］蒋永甫，张小英.农民主体与农业适度规模经营的另一种路
径选择——基于广西龙州模式的案例分析［J］.中共福建省委党校学报，
2016（7）：86 -93.

［60］靳相木.解析征地制度改革的主流思路［J］.中国农村经济，
2008（2）：11 -17，28.

［61］孔立，朱立志.有机农业适度规模经营研究——基于我国台
湾地区数据的空间分析［J］.农业技术经济，2014（6）：103 -109.

［62］黎元生.农村土地产权配置市场化与制度改革［J］.当代经
济研究，2007（3）：44 -47.

［63］李博伟，张士云.种粮大户土地规模经营影响因素实证研究
［J］.山西农业大学学报（社会科学版），2014（1）：69 -74.

［64］李承桧，杨朝现，陈兰，程相友.基于农户收益风险视角的
土地流转期限影响因素实证分析［J］.中国人口·资源与环境，2015
（1）：66 -70.

［65］李昊，李世平，南灵.中国农户土地流转意愿影响因素——
基于29篇文献的Meta分析［J］.农业技术经济，2017（7）：78 -93.

［66］李茂岚.中国农民负担问题研究［M］.山西经济出版社，
1996（7）：266.

［67］李萍，胡俊波.制度约束下的理性选择与农村土地流转［J］.
福建论坛（人文社会科学版），2006（3）：72 -76.

［68］李尚蒲，罗必良.农地调整的内在机理及其影响因素分析
［J］.中国农村经济，2015（3）：18 -33.

［69］李尚蒲，郑荣馨.禀赋特征、选择偏好与农地流转——来自
广东省的农户问卷调查［J］.学术研究，2012（7）：78 -84.

［70］李实，赵人伟，高霞.中国离退休人员收入分配中的横向与
纵向失衡分析［J］.金融研究，2013（2）：1 -18.

［71］李欣怡.《土地流转过程中农户理性行动选择的逻辑研究——以河南为例》［D］.昆明理工大学硕士论文，2012.

［72］李中.农村土地流转与农民收入——基于湖南邵阳市跟踪调研数据的研究［J］.经济地理，2013，33（5）：144－149.

［73］李忠旭，沈丽莹.农户参与土地流转合作社意愿及影响因素研究——基于辽宁省农户的调查［J］.调研世界，2014（11）：29－33.

［74］栗滢超.农户土地流转行为影响因素实证分析［J］.河南农业大学学报，2012（2）：214－218.

［75］廖洪乐.农户的调地意愿及影响因素分析［J］.农业经济问题，2002（9）：6－10.

［76］林文声，秦明，苏毅清，王志刚.新一轮农地确权何以影响农地流转？——来自中国健康与养老追踪调查的证据［J］.中国农村经济，2017（7）：29－43.

［77］林文声，杨超飞，王志刚.农地确权对中国农地经营权流转的效应分析——基于H省2009～2014年数据的实证分析［J］.湖南农业大学学报（社会科学版），2016（1）：15－21.

［78］刘邦凡，王宏禹，甄华英.我国农村征地补偿制度的缺陷及其解决途径［J］.经济纵横，2009（1）：74－76.

［79］刘凤芹.模糊的土地收益权：租、税、费——农民负担解析［J］.农业经济问题，2004（4）：44－49.

［80］刘凤芹.农村土地产权的归属、保护与政策建议［J］.江苏社会科学，2004（4）：58－63.

［81］刘凤芹.农业土地规模经营的条件与效果研究：以东北农村为例［J］.管理世界，2006（9）：71－79＋171－172.

［82］］刘洪彬，董秀茹，钱凤魁，王秋兵.东北三省农村土地规模经营研究［J］.中国土地科学，2014（10）：12－19.

［83］刘俊杰，张龙耀，王梦珺，许玉韫.农村土地产权制度改革对农民收入的影响——来自山东枣庄的初步证据［J］.农业经济问题，

2015, 36 (6): 51 – 58 + 111.

[84] 刘守英. 中国城乡二元土地制度的特征、问题与改革 [J]. 国际经济评论, 2014 (3): 9 – 25.

[85] 刘文华. 农地流转中的非正式制度探讨 [J]. 资源与产业, 2008 (4): 24 – 27.

[86] 刘玉春, 修长柏. 农村金融发展、农业科技进步与农民收入增长 [J]. 农业技术经济, 2013 (9): 92 – 100.

[87] 刘远风. 农户土地流转的收入效应分析 [J]. 西北农林科技大学学报 (社会科学版), 2016, 16 (3): 17 – 25 + 39.

[88] 刘玥汐, 许恒周. 农地确权对农村土地流转的影响研究——基于农民分化的视角 [J]. 干旱区资源与环境, 2016 (5): 25 – 29.

[89] 娄亚鹏. 新农村建设中的农村土地流转问题研究——以河南平顶山市为例 [D]. 长江大学, 2013.

[90] 卢素冬, 王宁泊. 国内征地冲突问题研究综述 [J]. 天水行政学院学报, 2016 (6): 18 – 23.

[91] 陆继霞, 何倩. 生计视角下农户土地流转意愿及影响因素分析——基于河南省某县龙村的实地调查 [J]. 农村经济, 2016 (2): 39 – 43.

[92] 陆铭, 陈钊. 城市化、城市倾向的经济政策与城乡收入差距 [J]. 经济研究, 2004 (6): 50 – 58.

[93] 陆铭, 张航, 梁文泉. 偏向中西部的土地供应如何推升了东部的工资 [J]. 中国社会科学, 2015 (5): 59 – 83.

[94] 陆旸, 蔡昉. 人口结构变化对潜在增长率的影响: 中国和日本的比较 [J]. 世界经济, 2014 (1): 3 – 29.

[95] 罗必良, 何一鸣. 博弈均衡、要素品质与契约选择——关于佃农理论的进一步思考 [J]. 经济研究, 2015 (8): 162 – 174.

[96] 罗必良, 李尚蒲. 农地流转的交易费用: 威廉姆森分析范式及广东的证据 [J]. 农业经济问题, 2010 (12): 30 – 40.

[97] 罗必良，汪沙，李尚蒲. 交易费用、农户认知与农地流转——来自广东省的农户问卷 [J]. 农业技术经济，2012（1）：11 - 21.

[98] 罗必良. 农地产权模糊化：一个概念性框架及其解释 [J]. 学术研究，2011（12）：48 - 56.

[99] 罗必良. 农地流转的市场逻辑——"产权强度—禀赋效应—交易装置"的分析线索及案例研究 [J]. 南方经济，2014（5）：1 - 24.

[100] 罗明忠，卢颖霞，卢泽旋. 农民工进城、土地流转及其迁移生态——基于广东省的问卷调查与分析 [J]. 农业经济，2012（2）：109 - 113.

[101] 冒佩华，徐骥. 农地制度、土地经营权流转与农民收入增长 [J]. 管理世界，2015（5）：63 - 74 + 88.

[102] 倪娟. 奥利弗·哈特对不完全契约理论的贡献——2016 年度诺贝尔经济学奖得主学术贡献评介 [J]. 经济学动态，2016（10）：98 - 107.

[103] 倪坤晓，谭淑豪. 农地确权纠纷的类型、特点和解决之策——以河北省 PX 县为例 [J]. 农村经济，2017（2）：46 - 51.

[104] 倪志远. 论我国农业适度规模经营的主要约束条件和实现途径 [J]. 数量经济技术经济研究，1999（1）：75 - 79.

[105] 彭文慧. 社会资本、劳动力流动与农民收入区域差异 [J]. 当代经济研究，2014（1）：84 - 88.

[106] 齐晓瑾，蔡澍，傅春晖. 从征地过程看村干部的行动逻辑——以华东、华中三个村庄的征地事件为例 [J]. 社会，2006（2）：115 - 135.

[107] 钱忠好，冀县卿. 中国农地流转现状及其政策改进——基于江苏、广西、湖北、黑龙江四省（区）调查数据的分析 [J]. 管理世界，2016（2）：71 - 81.

[108] 钱忠好，曲福田. 规范政府土地征用行为，切实保障农民土

地权益 [J]. 中国农村经济, 2004 (12): 4-9.

[109] 钱忠好, 肖屹, 曲福田. 农民土地产权认知、土地征用意愿与征地制度改革——基于江西省鹰潭市的实证研究 [J]. 中国农村经济, 2007 (1): 28-35.

[110] 钱忠好. 农村土地承包经营权产权残缺与市场流转困境: 理论与政策分析 [J]. 管理世界, 2002 (6): 35-45, 154-155.

[111] 钱忠好. 农地保护市场失灵与政策失灵 [J]. 农业经济问题, 2003 (10): 14-19+79.

[112] 钱忠好. 农地承包经营权市场流转: 理论与实证分析——基于农户层面的经济分析 [J]. 经济研究, 2003 (2): 83-91.

[113] 钱忠好. 农地承包经营权市场流转的困境与乡村干部行为——对乡村干部行为的分析 [J]. 中国农村观察, 2003 (2): 10-13.

[114] 钱忠好. 乡村干部行为与农地承包经营权市场流转 [J]. 经济学研究, 2003 (8): 41-45.

[115] 钱忠好. 中国农村社会经济生活中的非正式制度安排与农地制度创新 [J]. 江苏社会科学, 1999 (1): 1-8.

[116] 乔鹏程, 孟俊杰. 河南省粮食主产区农业适度规模经营问题研究 [J]. 河南社会科学, 2015 (12): 101-103.

[117] 乔榛. 中国农村经济制度变迁与农业增长: 对1978~2004年中国农业增长的实证分析 [J]. 经济研究, 2006 (7): 73-82.

[118] 沈坤荣, 张璟. 中国农村公共支出及其绩效分析——基于农民收入增长和城乡收入差距的经验研究 [J]. 管理世界, 2007 (1): 30-40.

[119] 施晟, 卫龙宝, 伍骏骞. "农超对接"进程中农产品供应链的合作绩效与剩余分配——基于"农户+合作社+超市"模式的分析 [J]. 中国农村观察, 2012 (4): 14-28+92-93.

[120] 石成林. 农业适度规模经营与精品农业 [J]. 经济与管理研

究，1998（5）：59 - 61.

[121] 石冬梅，王健，许月明，胡建. 农村土地流转主体的成本—收益分析 [J]. 广东农业科学，2013（3）：211 - 213.

[122] 史常亮，栾江，朱俊峰，陈一鸣. 土地流转对农户收入增长及收入差距的影响——基于8省农户调查数据的实证分析 [J]. 经济评论，2017（5）：152 - 166.

[123] 宋辉，姜会明. 中国农村土地制度的缺陷与创新 [J]. 当代经济研究，2009（3）：52 - 54.

[124] 孙文凯，白重恩，谢沛初. 户籍改革对劳动力流动影响 [J]. 经济研究，2011（1）：28 - 40.

[125] 孙晓燕，苏昕. 土地托管、总收益与种粮意愿——兼业农户粮食增效与务工增收视角 [J]. 农业经济问题，2012（8）：102 - 108 + 112.

[126] 孙杨. 地权影响下的农户土地投资行为和绩效分析 [J]. 农村经济，2011（11）：85 - 87.

[127] 谭术魁. 中国频繁暴发征地冲突的原因分析 [J]. 中国土地科学，2008（6）：44 - 50.

[128] 谭学文. 为什么多数农民工子女留守而不流动 [J]. 农业技术经济，2014（7）：17 - 26.

[129] 陶然，童菊儿，汪晖，黄璐. 二轮承包后的中国农村土地行政性调整：典型事实、农民反应与政策含义 [J]. 中国农村经济，2009（10）：12 - 20 + 30.

[130] 田传浩，方丽. 土地调整与农地租赁市场：基于数量和质量的双重视角 [J]. 经济研究，2013（1）：110 - 121.

[131] 田传浩，贾生华. 农地制度、地权稳定性与农地使用权市场发育：理论与来自苏浙鲁的经验 [J]. 经济研究，2004（1）：112 - 119.

[132] 童彬. 农村土地规模化经营的理论构建与制度创新研究——

以家庭农场的经营模式和制度构建为例 [J]. 理论月刊, 2014 (8): 129 – 133.

[133] 王爱民. 李子联. 农业技术进步对农民收入的影响机制研究 [J]. 经济经纬, 2014 (4): 31 – 36.

[134] 王春超. 周先波. 社会资本能影响农民工收入吗? ——基于有序响应收入模型的估计和检验 [J]. 管理世界, 2013 (9): 55 – 68.

[135] 王春超. 农村土地流转、劳动力资源配置与农民收入增长: 基于中国17省份农户调查的实证研究 [J]. 农业技术经济, 2011 (1): 93 – 101.

[136] 王洪江. 关于农业适度规模经营的几点思考 [J]. 农业经济, 1999 (4): 27 – 28.

[137] 王杰, 句芳. 内蒙古农村牧区农牧户土地流转影响因素研究——基于11个地区1332个农牧户的调查 [J]. 干旱区资源与环境, 2015 (6): 74 – 79.

[138] 王磊, 翟书斌. 农村土地流转与规模化经营——基于河南省西万村农地"整村流转"模式的思考 [J]. 中国集体经济, 2009 (30): 5 – 6.

[139] 王良群. 关于农村土地规模化经营必要性的思考 [J]. 科技情报开发与经济, 2004 (7): 89 – 90.

[140] 王瑞雪. 主流征地制度改革观点检讨 [J]. 中国土地科学, 2014 (5): 4 – 10.

[141] 王庶, 岳希明. 退耕还林、非农就业与农民增收——基于21省面板数据的双重差分分析 [J]. 经济研究, 2017 (4): 106 – 119.

[142] 王天龙. 黄龙农民"城市梦"不再遥远 [N]. 延安日报, 2012 – 08 – 18 (1).

[143] 王文军. 土地流转、边际效益与农地制度的重新安排 [J]. 江汉论坛, 2010 (4): 33 – 37.

[144] 王秀清, 苏旭霞. 农用地细碎化对农业生产的影响——以山

195

东省莱西市为例 [J]. 农业技术经济，2002（2）：2-7.

[145] 王学龙，于潇，白雪秋. 破解城乡差距之困：基于劳动力流转模型的实证分析 [J]. 财经研究，2012（8）：38-48.

[146] 卫龙宝，李静. 农业产业集群内社会资本和人力资本对农民收入的影响——基于安徽省茶叶产业集群的微观数据 [J]. 农业经济问题，2014（12）：41-47.

[147] 温铁军. 农民专业合作社发展的困境与出路 [J]. 湖南农业大学学报，2013（8）：4-6.

[148] 吴江，张艳丽. 家庭联产承包责任制研究30年回顾 [J]. 经济理论与经济管理，2008（11）：43-47.

[149] 吴靖. 中国征地问题研究综述与思考 [J]. 经济学动态，2010（7）：85-87.

[150] 吴象. 农业联系产量责任制的三种主要形式 [J]. 中国社会科学，1981（4）：63-76.

[151] 肖冰. 农村土地产权制度改革思路比较及启示 [J]. 世界经济情况，2007（6）：46-50.

[152] 肖艳丽. 推进多元化农业适度规模经营路径研究 [J]. 当代经济管理，2017（1）：41-44.

[153] 谢冬水. 农地转让权、劳动力迁移与城乡收入差距 [J]. 中国经济问题，2014（1）：49-59.

[154] 谢琳. 宗族属性、土地调整与流转牵扯：粤省三市观察 [J]. 区域经济，2013（6）：80-86.

[155] 辛岭，王艳华. 农民受教育水平与农民收入关系的实证研究 [J]. 中国农村经济，2007（4）：93-100.

[156] 徐玉婷，黄贤金，陈志刚，钟太洋，孙晋坤，徐国良. 农地转入规模扩大有助于农民农业增收吗？——基于中国中部5省农户调查的实证研究 [J]. 自然资源学报，2016，31（10）：1624-1636.

[157] 许恒周，郭玉燕，吴冠岑，金晶. 代际差异视角下农民工土

地流转意愿的影响因素分析——基于天津 613 份调查问卷的实证研究 [J]. 资源科学，2012（10）：1864 – 1870.

[158] 许筠，冯开文. 中国农地制度变迁中农民权益的研究综述 [J]. 中国农业大学学报（社会科学版），2011，（3）：137 – 142.

[159] 许庆，刘进，钱有飞. 劳动力流动、农地确权与农地流转 [J]. 农业技术经济，2017（5）：4 – 16.

[160] 许庆，田士超，徐志刚，邵挺. 农地制度、土地细碎化与农民收入不平等 [J]. 经济研究，2008（2）：83 – 92.

[161] 许月明. 土地规模经营制约因素分析 [J]. 农业经济问题，2006（9）：13 – 17.

[162] 薛宝贵，何炼成. 现有土地制度下增加农民财产性收入的挑战与路径 [J]. 宁夏社会科学，2014（6）：30 – 35.

[163] 阳晓伟，庞磊，闭明雄. “反公地悲剧”问题研究进展 [J]. 经济学动态，2016（9）：101 – 114.

[164] 杨继瑞，汪锐. 征地制度的来龙去脉及其变革路径找寻 [J]. 改革，2013（4）：66 – 72.

[165] 杨学成，赵瑞莹，岳书铭. 农村土地关系思考——基于 1995 ~ 2008 年三次山东农户调查 [J]. 管理世界，2008（7）：53 – 61.

[166] 杨渝红，欧名豪. 土地经营规模、农村剩余劳动力转移与农民收入关系研究——基于省际面板数据的检验 [J]. 资源科学，2009（2）：310 – 316.

[167] 杨子，马贤磊，诸培新，马东. 土地流转与农民收入变化研究 [J]. 中国人口·资源与环境，2017，27（5）：111 – 120.

[168] 姚洋. 农地制度与农业绩效的实证研究 [J]. 中国农村观察，1998（6）：1 – 10.

[169] 姚洋. 中国农地制度：一个分析框架 [J]. 中国社会科学，2000（2）：54 – 65.

[170] 叶剑平，丰雷，蒋妍，罗伊·普罗斯特曼，朱可亮. 2008 年

中国农村土地使用权调查研究——17 省份调查结果及政策建议 [J]. 管理世界，2010（1）：64 - 73.

　　[171] 尹昌斌. 农民负担的实证分析及减负对策 [J]. 经济理论与经济管理，1998（6）：29 - 34.

　　[172] 余新平，熊德平. 中国农村金融发展与农民收入增长 [J]. 中国农村经济，2010（6）：77 - 86.

　　[173] 俞海，黄季焜，Scott Rozelle，Loren Brandt，张林秀. 地权稳定性、土地流转与农地资源持续利用 [J]. 经济研究，2003（9）：82 - 91.

　　[174] 俞海，黄季焜，Scott Rozelle，Loren Brandt. 土壤肥力变化的社会经济影响因素分析 [J]. 资源科学，2003（2）：63 - 72.

　　[175] 张光宏. 农地产权制度：基本矛盾下的博弈分析 [J]. 农业经济问题. 2006（4）：50 - 53 + 80.

　　[176] 张广胜，孙学涛，戚迪明，江金启. 社会资本对农民工初职就业地选择的影响 [J]. 农林经济管理学报，2015（5）：522 - 530.

　　[177] 张红宇，王锋，薄伟康. 要高度重视农民增收减负问题——湖南省夏季农业形势分析与对策建议 [J]. 中国农村经济，1998（9）：37 - 42.

　　[178] 张红宇. 中国农地调整与使用权流转：几点评论 [J]. 管理世界，2002（5）：76 - 87.

　　[179] 张怀英，蒋辉. 农业适度规模经营的政策保障体系研究 [J]. 甘肃社会科学，2013（5）：184 - 188.

　　[180] 张会萍，霍文娟. 再论土地流转对农户家庭收入的影响——基于对宁夏银北地区 484 个农户的调查研究 [J]. 宁夏社会科学，2015（5）：81 - 86.

　　[181] 张娟，张笑寒. 农村土地承包经营权登记对土地流转的影响 [J]. 财经科学，2005（1）：188 - 194.

　　[182] 张宽，邓鑫，沈倩岭，漆雁斌. 农业技术进步、农村劳动力

转移与农民收入——基于农业劳动生产率的分组 PVAR 模型分析［J］. 农业技术经济, 2017 (6): 28 – 41.

［183］张良, 韦开蕾, 许能锐, 胡祎, 丁志超, 刘家成. 农业固定投资与 FDI 能否促进我国农民收入——基于地区差异视角的面板数据［J］. 当代经济科学, 2016, 38 (2): 61 – 68 + 126.

［184］张三峰, 杨德才. 农民的土地调整意愿及其影响因素分析省略——基于 2006 年中国综合社会调查数据［J］. 中国农村观察, 2010 (1): 15 – 24 + 33 + 94.

［185］张孝直. 中国农村地权的困境［J］. 战略与管理, 2000 (5): 106 – 111.

［186］张雨林, 杨承训, 郭西萍. 小潭公社的"统一经营, 包干到户"责任制［J］. 中国社会科学, 1982 (6): 33 – 46.

［187］赵丙奇, 贾日斗. 民营资本对我国农地流转的激励机制研究［J］. 农村经济, 2010 (10): 67 – 70.

［188］赵鲲, 刘磊. 关于完善农村土地承包经营制度发展农业适度规模经营的认识与思考［J］. 中国农村经济, 2016 (4): 12 – 16 + 69.

［189］赵阳, 李隆伟. 农村土地确权登记颁证有关问题探讨［J］. 兰州大学学报 (社会科学版), 2017 (1): 1 – 7.

［190］赵耀辉. 中国农村劳动力流动及教育在其中的作用——以四川省为基础的研究［J］. 经济研究, 1997 (2): 37 – 42.

［191］郑峰. 土地经营权流转与农业产业化经营［J］. 长春大学学报, 2017 (11): 15 – 18.

［192］郑建华. 农地确权与农地流转互动机制初探［J］. 农村经济, 2009 (8): 23 – 26.

［193］钟甫宁, 何军. 增加农民收入的关键: 扩大非农就业机会［J］. 农业经济问题, 2007 (1): 62 – 70.

［194］周春芳. 经济发达地区农户土地流转影响因素的实证研究［J］. 西北农林科技大学学报 (社会科学版), 2012 (6): 37 – 43.

[195] 周其仁. 中国农村改革: 国家和所有权关系的变化 (上) ——一个经济制度变迁史的回顾 [J]. 管理世界, 1995 (3): 178 – 189.

[196] 周其仁. 中国农村政策两题 [J]. 改革, 1995 (1): 79 – 84.

[197] 周稳海, 赵桂玲, 尹成远. 农业保险发展对农民收入影响的动态研究——基于面板系统 GMM 模型的实证检验保险研究 [J]. 保险研究, 2014 (5): 21 – 30.

[198] 周振, 张琛, 彭超, 孔祥智. 农业机械化与农民收入: 来自农机具购置补贴政策的证据 [J]. 中国农村经济, 2016 (2): 68 – 82.

[199] 周正, 周旭亮. 取消农业税对我国农民减负的实证研究——基于中国省际面板数据的广义矩估计 [J]. 学术交流, 2009 (11): 108 – 112.

[200] 朱建军, 胡继连. 农地流转对我国农民收入分配的影响研究——基于中国健康与养老追踪调查数据 [J]. 南京农业大学学报 (社会科学版), 2015, 15 (3): 75 – 83.

[201] 诸培新, 金焱纯, 代伟. 区域间农地流转影响因素比较分析——基于江苏省农户调研的实证 [J]. 中国土地科学, 2011 (11): 21 – 26.

[202] 祝天智. 农村征地冲突的整体性治理研究 [J]. 中国行政管理, 2013 (10): 52 – 56.

[203] Barbara L. Stark, Barbara Voorhies. Prehistoric coastal adaptations: The Economy and Ecology of Maritime middle America [M]. New York: Academic Press, 1978: 13 – 15.

[204] Besley T. Property Rights and Investment Incentives: Theory and Evidence from China [J]. Journal of Political Economy, 1995 (103): 903 – 937.

[205] Brian C. Briggeman, Allan W. Gray, et al. A New U. S. Farm

Household Typology: Implications for Agricultural Policy [J]. Review of Agricultural Economics, 2007, 29 (4): 765 – 782.

[206] Carter, M. R. , Y. Yao. Local Versus Global Separability in Agricultural Household Models: The Factor Price Equalization Effect of Land Transfer Rights [J]. American Journal of Agricultural Economics, 2002, 84 (3): 702 – 715.

[207] Chernina E. , Dower P. , Markevich A. Property Rights, Land Liquidity and Internal Migration [J]. Journal Development Economics, 2014 (110): 191 – 215.

[208] Cook Paul, Uchida Yuichiro. Privatization and Economic Growth in Developing Countries [J]. Journal of Development Studies, 2003, 39 (6): 121 – 154.

[209] Deininger K. , S. Jin, H. K. Nagarajan. Efficiency and Equity Impacts of Rural Land Rental Restrictions: Evidence from India [J]. European Economic Review, 2008, 52 (5): 892 – 918.

[210] De Janvry, A. , K. Emerick, M. Gonzalez – Navarro, and E. Sadoulet. Delinking Land Rights from Land Use: Certification and Migration in Mexico [J]. The American Economic Review, 2015, 105 (10): 3125 – 3149.

[211] Dennis Tao Yang. China's Land Arrangements and Rural Labor Mobility [J]. China Economic Review, 1997, 8 (2): 101 – 115.

[212] Dragos Radu. Social Interaction In Labor Model [J]. Journal of Ethnic and Migration Studies, 2008 (4): 532 – 548.

[213] George J. Borjas. Immigrant Skills and Ethnic Spillovers [J]. Journal of Population Economics, 1994, 7 (2): 99 – 118.

[214] Grossman, S. J. &O. Hart. The costs and benefits of ownership: A theory of vertical and lateral integration [J]. Journal of Political Economy, 1986, 94 (4): 691 – 719.

[215] Hart O. Firms, Contracts and Financial Structure. [M]. Oxford University Press, 1995.

[216] Hart O., J. Moore. Property Rights and The Nature of The Firm [J]. Journal of Political Economy, 1990, 98 (6): 1119 – 1158.

[217] Iceland, John. Why Poverty Remains High: The Role of Income Growth, Economic Inequality and Changes in Family Structure [J]. Demography – Population Association of America, 2003, 40 (3): 499.

[218] Iddo Kan, Ayal Kimhi, Zvi Lerman. Farm Output, Non – farm Income and Commercialization in Rural [J]. Agricultural and Development Economic, 2006 (3): 276 – 286.

[219] John Giles, Ren Mu. Village Political Economy Land Tenure Insecurity and the Rural to Urban Migration Decision [J]. Still Quite Preliminary, 2012 (2): 1 – 51.

[220] Kashiwa. Chiba. Impact of Farmer Field Schools on Agricultural Income and Skills [J]. Journal of International Development, 2013 (25): 362 – 381.

[221] Kevin Honglin ZHANG, Shunfeng SONG. Rural – Urban Migration and Urbanization in China: Evidence from Time – series and Cross – section Analyses [J]. China Economic Review, 2003, 14 (4): 386.

[222] Klaus Deininger, Songqing Jin. The Potential of Land Markets in the Process of Economic Development: Evidence from China [J]. Journal of Development Economics, 2005, 78 (1): 241 – 270.

[223] Kung J. K. Common Property Rights and Land Reallocations in Rural China: Evidence from a Village Survey [J]. World Development, 2000, 28 (4): 701.

[224] Kung J. K. Choice of Land Tenure in China: The Case of County with Quasi Private Property Rights [J]. Economic Development and Cultural Change, 2002, 50 (4): 793.

［225］ Kung J. K, Bai Ying. Who Suffers from Tenure Insecurity: Variations and Outcomes of Reallocating Land Use Rights in Rural China, working paper ［J］. Hong Kong University of Science and Technology, 2007.

［226］ Lewis W. A. Economic Development with Unlimited Supplies of Labor ［J］. Manchester School of Economic and Social Studies, 1954, 22 (2): 139 - 191.

［227］ Lohmar B. Land Tenure Insecurity and Labor Allocation in Rural China ［R］. Paper presented at the Annual Meeting of the American Agricultural Economics Association in Nashville, TN, August 9 - 12, 1999 (8).

［228］ Lohmar B., Z. Zhang and A. Somwaru. Land Rental Market Development and Agricultural Production in China ［C］. Paper Presented at the Annual Meeting of the American Agricultural Economics Association, Chicago, lllinois, Auguest 5 - 8, 2001.

［229］ LU Qian. Farmer Income Differential in Regions ［J］. Chinese Geographical Science, 2006, 16 (3): 199 - 202.

［230］ Maelys De La Rupelle, Deng Quheng, Li Shi and Thomas Vendryes. Land Rights and Rural Urban Migration in China ［J］. China Perspectives, 2008 (2): 25 - 36.

［231］ Maelys De La Rupelle, Deng Quheng, Li Shi and Thomas Vendryes. Land Rights Insecurity and Temporary Migration in Rural China ［R］. IZA Discussion Papers, 2009, (4668).

［232］ Maskin Eric & Jean Tirole. The Politician and the Judge: Accountability in Government ［J］. The American Economic Review1, 2004 (94): 1034 - 1054.

［233］ Mullan K., Grosjean P., Kontoleon A. Land Tenure Arrangements and Rural - Urban Migration in China ［J］. World Development, 2010, 39 (1): 123 - 133.

［234］ Paul Cook, Yuichiro Uchida. Privatisation and economic growth in developing countries [J]. Journal of Development Studies, 2003, 39 (6): 121.

[235] Ronald H. The Problem of Social Cost [J]. Journal of Law and Economics, 1960 (3): 1.

[236] Songqing Jin, Klaus Deininger. Land Rental Markets in the Process of Rural Structural Transformation: Productivity and Equity Impacts from China [J]. Journal of Comparative Economics, 2009 (37): 629 – 646.

[237] Tao Yang, D. China's Land Arrangements and Rural Labor Mobility [J]. China Economic Review, 1997, 8 (2): 101 – 115.

[238] Yami. M, K. A. Snyder. After All, Land Belongs to the State: Examining the Benefits of Land Registration for Smallholders in Ethiopia [J]. Land Degradation and Development, 2016, 27 (3): 465 – 478.

[239] Yao, Y. Land Tenure Choice in Chinese Villages: The Rational Versus the Political Model [J]. Land Economics, 2004, 80 (4): 477 – 489.

[240] Zhao Y. Labor Migration and Earnings Differences: The Case of Rural China [J]. Economic Development and Culture Change, 1999, 47 (4): 767 – 782.

[241] Zhao Y. Leaving the Countryside: Rural – to – urban Migration Decisions in China [J]. American Economic Review, 1999, 89 (2): 282 – 286.

后　　记

有意义的科研人生不是我取得了多少研究成果，得到多少科研奖励，而是我为人文社会科学的研究贡献了什么，科研工作是否使周围的同事、学生受益。有意义的教学工作，不是我在教学工作中获得多少薪水、取得了多少教学奖励，而是我是否将教学工作放在第一位，是否将学生的培养放在工作的第一位。

感谢政府和学校对我研究的一贯支持。本书得到了教育部人文社科基金一般项目"不完全契约视角下土地确权对兼业农民非农就业的影响机制研究（编号：17YJAZH028）"、国家社科基金一般项目"不完全契约视角下土地确权影响农户土地规模经营的机制研究（编号：18BJL032）"、中国博士后基金面上项目（编号：2015M581576）、辽宁省社科基金重点项目（编号：L16ASH002）、2017年辽宁省"百千万人才工程"项目（编号：2017103）培养经费资助、辽宁省教育厅项目（编号：LJ2017FBW001）的资助。

本书在博士后研究报告的基础上修改而成，其中部分内容和阶段性研究成果在《资源科学》《新疆农垦经济》《人口与经济》等学术期刊陆续发表，诚挚感谢这些期刊编辑和审稿专家的建设性修改意见。

这本著作的完成离不开研究生同学的倾情奉献。本书的一些章节是由我的研究生参与完成的，其中刘淑云同学参与了第三章、第六章和第八章文献整理、数据搜集和模型回归等工作；张书凤同学参与了第七章撰写工作；贺洋、石宁等同学也在文献整理、书稿的修改和校对等方面做出了巨大贡献。

在这个研究过程中得到身边的老师、同事和家人的帮助和支持。任何一项工作都不是个人独立完成的，都离不开大家的无私奉献。首先；感谢上海财经大学常进雄教授远见卓识的指导，您的指导与我先前的研究经验完美结合，使能我稳步而深入地开展研究工作。其次；感谢家人对我工作的理解和支持，在这段工作期间，教学、科研工作和家务相互交织，在"爱是恒久忍耐"的启示和激励下最终将该研究工作完成一个段落。最后；感谢我们研究团队的贾凯威、刘伟、谢剑锋、黄庆玲、李丹等老师，他们对我们研究的成果进行了细致的修改并提出了建设性修改建议，合作研讨使我们认识到团队的力量，任何个人的能力都是有限的，而团队能够使我们取长补短、共同进步。

本书仅仅是阶段性研究工作，并不是研究工作的结束。我们应当以本书为基础，基于不完全契约理论继续深入研究农村的制度安排等问题。工作只有开始没有结束，只要条件允许就要努力工作。希望本书能够对教学工作和学生的成长带来有益的帮助。

韩家彬

2018 年 7 月 16 日